10,50€

COLLECTION BESCHERELLE

Les verbes italiens

Formes et emplois

Luciano Cappelletti

HATIER

Conception maquette : Yvette Heller
Adaptation maquette : Isabelle Vacher
Mise en page : Nicole Pellieux

© HATIER – Paris – Juin 1997

ISSN 0990 3771 – ISBN 2-218-71775-1

AVERTISSEMENT

Ce livre s'inscrit dans la lignée des Bescherelle. Il se compose de trois parties :

– une introduction à la grammaire du verbe italien ;
– 112 tableaux de conjugaison présentant systématiquement toutes les formes des verbes types et des verbes irréguliers ;
– un index alphabétique d'environ 8 000 verbes avec des indications sur leur prononciation, leurs formes (T, I, Imp, P, R), leur usage (fréquence, registre linguistique...).

Ces trois parties constituent un tout unique, cohérent, qui va au-delà du cadre d'un simple manuel de conjugaison de verbes. Le Bescherelle italien s'adresse à un large public : du niveau débutant-intermédiaire (élèves de Collège ou de Lycée) à un niveau plus avancé (Classes Terminales, Université) ou au grand public qui désire avoir un outil sûr et complet de perfectionnement et de consultation.

●●●

Le Bescherelle italien est un outil de consultation rapide et aisée qui apporte des réponses claires et complètes à des problèmes de forme et d'emploi des verbes italiens.
Comment l'utiliser ? Voici quelques suggestions.

● On peut partir de l'Index (en fin d'ouvrage), trouver le verbe recherché (à l'infinitif), prendre connaissance de tous les renseignements concernant les formes, l'auxiliaire employé, l'usage ; ensuite, grâce au numéro de renvoi, remonter au verbe-type et retrouver par analogie la ou les formes verbales recherchées, avec leur orthographe et leur prononciation. L'Index indique aussi les prépositions les plus employées et, quand un même verbe présente plusieurs formes, l'orthographe la plus courante.

● La liste des verbes-modèles p. 47 permet de choisir le tableau de conjugaison désiré et de prendre connaissance de toutes ses particularités indiquées en haut et en bas des pages. La consultation directe des tableaux de conjugaison s'avère fort utile pour un apprentissage systématique des verbes irréguliers et de leurs mécanismes à la fois orthographiques et phonétiques.

● La consultation de la grammaire du verbe aide à faire le point sur un phénomène ou sur un problème général de fonctionnement, d'usage ou de syntaxe. Les tableaux grammaticaux favoriseront aussi une systématisation rapide des structures verbales indispensables en apprentissage scolaire. D'autre part, l'utilisateur averti y trouvera des repères sûrs sur des questions plus pointues comme par exemple l'usage des temps et des modes qui posent le plus de problèmes.

●●●

Mes sincères remerciements à Noëlle Jacobs qui a assuré la lecture complète du présent ouvrage et à Philippe Guérin qui a fourni d'utiles suggestions sur la grammaire du verbe.
Je remercie également tous les utilisateurs qui voudront bien communiquer leurs remarques aux Editions HATIER, 8, rue d'Assas, 75278 Cedex 06 Paris.

Grammaire
du verbe

Le verbe est la partie de la phrase qui, seule ou avec d'autres éléments, nous fournit des renseignements très variés et complexes sur le sujet en l'actualisant dans le temps.

Ces renseignements peuvent concerner une action (faite ou subie par le sujet), un événement, un état, une façon d'être ou l'existence même du sujet.

Il y a deux parties dans un verbe : le **radical** et la **terminaison**. La terminaison varie ; le radical reste le plus souvent invariable.

La terminaison nous fournit différents renseignements sur :

* **la personne :** 1re, 2e et 3e ;

(io)	parl-**o**	(noi)	parl-**iamo**
(tu)	parl-**i**	(voi)	parl-**ate**
(egli / essa)	parl-**a**	(essi / esse)	parl-**ano**

* **le nombre :** singulier ou pluriel ;

(tu)	parl-**i**
(noi)	parl-**iamo**

* **le temps :** présent, passé, futur ;

(io)	parl-**o**	:	présent
(io)	parl-**avo**	:	imparfait
(io)	parl-**erò**	:	futur simple

* **le mode.**
    – personnel : indicativo (indicatif), congiuntivo (subjonctif), condizionale (conditionnel), imperativo (impératif) ;
    – impersonnel : infinito (infinitif), gerundio (gérondif), participio (participe).

verbes transitifs et intransitifs

1 Un verbe est **transitif** (T) lorsqu'il est suivi par un complément d'objet direct (COD).
*Andrea **legge** un libro.*
Andrea lit un livre.

2 Il est **intransitif** (I) lorsqu'il n'a pas besoin de complément pour que l'action ait lieu et lorsqu'il exprime un état.
*Il treno **parte** alle cinque.*
Le train part à cinq heures.

3 En italien comme en français, beaucoup de verbes peuvent être transitifs ou intransitifs selon leur emploi. L'index des verbes en fin d'ouvrage indique toutes les possibilités, en suivant l'ordre d'emploi le plus fréquent : **cominciare** T, I, **a** + verbe à l'infinitif.
*   **Comincio** un lavoro. (T)   *Il giorno **comincia**. (I)   *Domani, **comincio a** lavorare. (a)*
*   *Je commence un travail.*   *Le jour commence.*   *Demain, je commence à travailler.*

la forme du verbe

1 La forme **active** : le sujet est l'agent actif, il fait l'action indiquée par le verbe. La forme active s'emploie tant pour les verbes transitifs que pour les verbes intransitifs.
*Andrea **mangia** una mela.*   *Filippo **parte** alle cinque.*
Andrea mange une pomme.   *Filippo part à cinq heures.*

2 La forme **passive** : le sujet subit l'action exprimée par le verbe. La personne qui fait effectivement l'action est le complément d'agent, introduit par la préposition **da**. Seuls les verbes transitifs peuvent se mettre à la forme passive.
*La mela **è mangiata da** Andrea.*
La pomme est mangée par Andrea.

3 La forme **pronominale** : le sujet fait l'action et en subit en même temps les conséquences, le verbe est précédé du pronom personnel complément correspondant au sujet : **mi, ti, si, ci, vi, si.** Aux temps composés, il est toujours conjugué avec l'auxiliaire essere.
*Maria **si lava**.*   *Maria **si è lavata**.*
Maria se lave.   *Maria s'est lavée.*

Pour la forme passive, voir le **tableau 3**, pp. 50-51.
Pour la forme pronominale, voir le **tableau 4**, p. 52.

L E S   C O N J U G A I S O N S

●●●

On classe les verbes italiens en **trois groupes** sur la base de la terminaison de l'infinitif :

1re conjugaison :	**-are**	amare	1er	groupe
2e conjugaison :	**-ere**	temere, l<u>e</u>ggere	2^e	groupe
3e conjugaison :	**-ire**	sentire, finire	3^e	groupe

Les voyelles **a, e, i** qui différencient les infinitifs de chaque groupe sont appelées **voyelles caractéristiques**.

les verbes du 1er groupe

Le 1er groupe, de loin le plus important, s'enrichit continuellement de verbes nouveaux. Cette conjugaison est **régulière**, à trois exceptions près : **andare, dare** et **stare**.

☞ Particularités orthographiques les plus importantes : les verbes se terminant en :
-care / -gare prennent un **-h-** devant les terminaisons commençant par **-i-** et **-e-** (présent, futur, conditionnel) (modèles 7 cercare / 8 legare) ;
-ciare / -giare (modèles 9 cominciare / 10 mangiare) qui perdent le **-i-** du radical devant les terminaisons commençant par **-e / -i** ;
-iare peuvent garder ou perdre le **-i-** du radical devant une terminaison commençant par **-i-** (modèles 11 inviare / 12 studiare).

les verbes du 2e groupe

Le 2e groupe est composé presque entièrement de verbes irréguliers soit au passé simple et au participe passé, soit à plusieurs autres temps et modes.
On considère **fare** et **dire** comme faisant partie de cette conjugaison à cause de leur étymologie (latin facere et dicere).
Pour les mêmes raisons, font partie de ce groupe les verbes en **-arre** (**trarre**, lat. trahere), **-orre** (**porre**, lat. ponere), **-urre** (**condurre**, lat. conducere).
Alors que les terminaisons **-are** et **-ire** sont toujours accentuées, pour les verbes en **-ere**, l'accent tonique peut porter soit sur la terminaison (**tem<u>e</u>re**), soit sur le radical (**l<u>e</u>ggere**).

☞ Particularités
Des deux formes régulières du passé simple (passato remoto), **-etti / -ei**, la première est la plus employée, sauf quand le radical se termine par **-t-** :

dovere	(io)	**dovetti**
potere donc	(io)	**potei** et non potetti

les verbes du 3ᵉ groupe

Le 3ᵉ groupe est divisé en deux sous-groupes :

– les verbes, peu nombreux, qui se conjuguent comme **sentire** ;

– les verbes qui, comme **finire**, ajoutent **-isc** entre le radical et la terminaison aux trois personnes du singulier et à la 3ᵉ personne du pluriel du présent de l'indicatif, du subjonctif et de l'impératif :

Indicatif présent		Subjonctif présent		Impératif	
(io)	fin-isc-o	che io	finisca		
(tu)	fin-isc-i	che tu	finisca	finisci	(tu)
(egli / essa)	fin-isc-e	che egli / essa	finisca	finisca	(egli / essa)
(essi / esse)	fin-isc-ono	che (essi / esse)	finiscano	finiscano	(essi / esse)

les pronoms sujets

1 En italien, l'emploi du pronom sujet n'est pas systématique. La terminaison suffit généralement à indiquer la personne.

parl**o** (je parle)
parl**i** (tu parles)
parl**a** (il parle)

2 Lorsque le contexte n'est pas suffisamment explicite, on exprime le pronom sujet. C'est le cas des trois premières personnes du singulier du présent du subjonctif et des deux premières du singulier de l'imparfait du subjonctif.

che io	parli	io	parlassi
che tu	parli	tu	parlassi
che egli / essa	parli	(egli / essa)	parlasse
che (noi)	parliamo	(noi)	parlassimo
che (voi)	parliate	(voi)	parlaste
che (essi / esse)	parlino	(essi / esse)	parlassero

3 Le pronom sujet s'emploie pour insister ou pour marquer une opposition.

*Pietro parla. **Tu** l'ascolti.*
Pierre parle. Toi, tu l'écoutes.

*Pago **io**.*
C'est moi qui paie.

Tableau des pronoms sujets

singulier		
Personne		
1re	io	(je)
2^e	tu	(tu)
3e masculin	egli	(il) [1]
	esso	(il)
	lui	(lui) [1]
3e féminin	essa	(elle)
	ella	(elle) [1, 2]
	lei	(elle) [1]

pluriel		
Personne		
1re	noi	(nous)
2^e	voi	(vous)
3e masculin	essi	(ils)
	loro	(eux) [1]
3e féminin	esse	(elles)
	loro	(elles) [1]

1) Formes uniquement employées pour les personnes.
2) Forme littéraire.

la forme de politesse

Pour la **forme de politesse**, l'italien emploie la **troisième personne au féminin** (Votre Seigneurie) indifféremment pour un homme ou pour une femme.

(Signora Rossi)	**Lei** conosce Roma ?
(Madame Rossi)	Est-ce que vous connaissez Rome ?

(Signor Rossi)	**Lei** conosce Roma ?
(Monsieur Rossi)	Est-ce que vous connaissez Rome ?

(Signori Rossi)	**Loro** conoscono Roma ?
(Monsieur et Madame Rossi)	Est-ce que vous connaissez Rome ?

Généralement on accorde au féminin tous les pronoms, mais on préfère accorder avec le sujet réel les **adjectifs** et les **participes passés**.

(**Signora** Rossi)	**La** prego di essere buon**a** con noi.
(Madame Rossi)	Vous êtes prié**e** d'être gentil**le** avec nous.

(**Signor** Rossi)	**La** prego di essere buon**o** con noi.
(Monsieur Rossi)	Vous êtes prié d'être gentil avec nous.

| (**Signora** Rossi) | **Lei** è pregata di assistere allo spettacolo. |
| (Madame Rossi) | Vous êtes priée d'assister au spectacle. |

| (**Signor** Rossi) | **Lei** è pregato di assistere allo spettacolo. |
| (Monsieur Rossi) | Vous êtes prié d'assister au spectacle. |

| (**Signori** Rossi) | **Loro** sono pregati di assistere allo spettacolo. |
| (Monsieur et Madame Rossi) | Vous êtes priés d'assister au spectacle. |

singulier	
Personne	
3ᵉ	lei (vous)
	ella (vous) ¹

pluriel	
Personne	
3ᵉ	loro (vous)

1) D'un usage plus rare et plus cérémonieux que Lei :
Ella, Signor Ministro, ha già parlato.
(Vous), Monsieur le Ministre, vous avez déjà parlé.

la place de l'accent tonique

1 La place de l'accent tonique, qui caractérise la prononciation de chaque verbe, peut poser des problèmes.

Le plus souvent, l'accent tonique porte sur l'avant-dernière syllabe (**parola piana**).

a-ma-re   te-me-re   sen-ti-re
a-mo   te-mo   sen-to

2 Si l'accent porte sur la dernière syllabe (**parola tronca**), il est obligatoirement marqué par un accent écrit ; c'est le cas de la 1ʳᵉ et de la 3ᵉ personne du singulier du futur et de la 3ᵉ personne du singulier du passé simple (passato remoto) des verbes réguliers.

Futur	(io)	parlerò	ripeterò	sentirò
	(egli / essa)	parlerà	ripeterà	sentirà
Passé simple	(egli / essa)	parlò	ripeté	sentì

3 L'accent tonique peut porter aussi sur la 3ᵉ, 4ᵉ ou très rarement 5ᵉ syllabe à partir de la fin :
parole sdrucciole, bisdrucciole, trisdrucciole.
Il n'y a pas de règle absolue. En cas de doute, se reporter aux tableaux des modèles conjugués, où sont soulignés tous les accents quand ils précèdent l'avant-dernière syllabe.

On peut aussi s'en tenir à quelques règles empiriques valables surtout **pour les présents de l'indicatif, du subjonctif et de l'impératif.**

• Pour les **trois premières personnes du singulier** et la **3ᵉ du pluriel**, l'accent tonique est toujours placé sur le **radical**. L'accent de la 3ᵉ personne du pluriel tombe toujours sur la syllabe déjà accentuée aux trois premières personnes du singulier.

(io)	am-o	tem-o	sent-o
(tu)	am-i	tem-i	sent-i
(egli / essa)	am-a	tem-e	sent-e
(essi / esse)	am-ano	tem-ono	sent-ono

– Si la forme verbale a trois syllabes ou plus, l'accent peut porter sur l'antépénultième (3ᵉ avant la fin), mais **toujours sur le radical**.

(io)	agit-o	immagin-o	modific-o
(tu)	agit-i	immagin-i	modific-hi
(egli / essa)	agit-a	immagin-a	modific-a
(essi / esse)	agit-ano	immagin-ano	modific-ano

– Les verbes du 3ᵉ groupe qui se conjuguent sur **finire** (100) portent l'accent sur la **première voyelle de la terminaison** (-isc-).

(io)	cap-isco	fin-isco	imped-isco
(tu)	cap-isci	fin-isci	imped-isci
(egli / essa)	cap-isce	fin-isce	imped-isce
(essi / esse)	cap-iscono	fin-iscono	imped-iscono

– Les verbes composés gardent l'accent du verbe de base.

	mandare	**comandare**	**raccomandare**
(io)	mando	comando	raccomando
(tu)	mandi	comandi	raccomandi
(egli / essa)	manda	comanda	raccomanda
(essi / esse)	mandano	comandano	raccomandano

	mettere	**trasmettere**	**teletrasmettere**
(io)	metto	trasmetto	teletrasmetto
(tu)	metti	trasmetti	teletrasmetti
(egli / essa)	mette	trasmette	teletrasmette
(essi / esse)	mett-ono	trasmett-ono	teletrasmett-ono

• Pour les **deux premières personnes du pluriel**, l'accent est toujours placé sur l'**avant-dernière syllabe de la terminaison**.

(noi)	am-iamo	tem-iamo	sent-iamo	agit-iamo	immagin-iamo	modifich-iamo
(voi)	am-ate	tem-ete	sent-ite	agit-ate	immagin-ate	modific-ate

* À **l'impératif**, au **gérondif**, à l'**infinitif** et au **participe passé absolu**, la particule pronominale accolée au verbe ne change pas la place de l'accent tonique.

lava	lavate	lavando	lavare	lavato
lavati	lavateli	lavandosi	lavarla	lavatola
lave-toi	lave-les	en se lavant	la laver	après l'avoir lavée
parla	parlate	parlando	parlare	parlato
parlami	parlatemi	parlandogli	parlargli	parlatogli
parle-moi	parlez-moi	en lui parlant	lui parler	après lui avoir parlé
scrivi	scrivete	scrivendo	scrivere	scritto
scrivimi	scriveteglielo	scrivendoti	scriverle	scrittogli
écris-moi	écrivez-le-lui	en t'écrivant	lui écrire (à elle)	après lui avoir écrit

L E S   A U X I L I A I R E S
●●●

essere ou avere

Tout en ayant une signification propre, **essere** (être, exister) et **avere** (avoir, posséder) sont
employés comme auxiliaires des autres verbes pour la formation des temps composés.
Le choix de l'un ou de l'autre auxiliaire n'est pas toujours aisé car bon nombre de verbes peuvent
être conjugués tantôt avec l'un, tantôt avec l'autre.
L'**index** (en fin d'ouvrage) indique, pour **chaque verbe**, le ou les auxiliaires employés. On peut
toutefois donner quelques points de repère pour le choix de l'auxiliaire des temps composés.

1 Le verbe **avere** est l'**auxiliaire** :
* du verbe **avere** lui-même ;
   Ho avuto molte noie.
   J'ai eu beaucoup d'ennuis.

* de tous les verbes **transitifs** (T) à la **forme active** ;
   Hanno letto molti libri.
   Ils ont lu beaucoup de livres.

* de certains verbes **intransitifs** (I ♦).
   Il cane ha abbaiato.
   Le chien a aboyé.

2 Le verbe **essere** est l'**auxiliaire** :
* du verbe **essere** lui-même ;
  Sono stato in spiaggia.
  J'ai été à la plage.

* de tous les verbes **réfléchis** (R) ou **pronominaux** (P) ;
  Mario si è lavato.   *Mi sono arrabbiato.*
  Mario s'est lavé.   *Je me suis fâché.*

* de la **forme passive** des verbes **transitifs** ;
  La lettera è scritta da Giovanni.
  La lettre est écrite par Giovanni.

* des verbes **impersonnels** (imp) ou employés d'une façon impersonnelle ;
  È accaduto ieri.
  C'est arrivé hier.

* de la plupart des verbes **intransitifs** (I).
  Giovanni è partito con il treno delle sette.
  Giovanni est parti par le train de sept heures.

  Paolo è fuggito davanti al pericolo.
  Paolo a fui devant le danger.

Les verbes suivants se conjuguent toujours avec essere :
bastare (suffire), comparire (comparaître), dispiacere (déplaire), esistere (exister), parere (paraître), piacere (plaire), rincrescere (regretter), sembrare (sembler).

3 Essere ou avere
Essere ou avere peuvent être employés avec les verbes intransitifs (I ◊) indiquant :

* un **état**, une manière d'être, une **condition** physique ou morale comme :
abortire, appartenere, convivere, fallire, germinare, impazzire, mancare, principiare, rabbrividire, spirare, tardare, trasudare, vivere, zampillare... ;

* un **mouvement** :
accedere, affiorare, affluire, approdare, atterrare, avanzare, circolare, colare, confluire, correre, emigrare, espatriare, evaporare, gravitare, guizzare, inciampare, indietreggiare, naufragare, penetrare, procedere, progredire, rifluire, salire, saltare, scattare, sciamare, scivolare, sdrucciolare, sguizzare, slittare, strapiombare, straripare, svicolare, traboccare, volare, zompare...
  L'aereo è / ha atterrato a Fiumicino.
  L'avion a atterri à Fiumicino.

Attention : les verbes impersonnels indiquant des phénomènes atmosphériques peuvent se conjuguer avec essere ou avere (imp ◊).

È / ha piovuto a dirotto.
Il a plu à verse.

L'utilisation d'un auxiliaire plutôt qu'un autre peut introduire des nuances de signification :

Verbes	avec essere	avec avere
principiare	*È principiata la trasmissione.*	*Ha ben principiato.*
	L'émission a commencé.	*Il a bien commencé.*
	(des choses)	*(des personnes)*
volare	*È volato via questa mattina.*	*Ha volato per la prima volta.*
	Il s'est envolé ce matin.	*Il a pris l'avion pour la première fois.*
	(déroulement de l'action)	*(l'action en tant que telle)*

les verbes « servili »

1 **Dovere, potere, volere** ont une signification propre, mais souvent ils accompagnent un verbe à l'infinitif ; pour cette fonction assez proche de l'auxiliaire, ils sont appelés « servili » (serviles) du verbe qui les suit, mais on peut les appeler aussi **modaux** car ils indiquent les modalités de l'action exprimée par l'infinitif qui les suit, en apportant au verbe une signification supplémentaire de nécessité (dovere), de possibilité (potere) et de volonté (volere).

lo	*devo* *posso* *voglio*	*studiare.*	*Je*	*dois* *peux* *veux*	*étudier.*

2 Aux temps composés le verbes **dovere**, **potere**, **volere** :
- se conjuguent avec l'auxiliaire avere dans leur sens propre ;
  Hanno voluto quel libro.
  Ils ont voulu ce livre.

- suivis d'un infinitif, ils prennent l'auxiliaire de l'infinitif.

Giovanni è	*dovuto* *potuto* *voluto*	*partire.*	*Giovanni a*	*dû* *pu* *voulu*	*partir.*

	dovuto				*dû*	
Giovanni ha	*potuto*	*scrivere une lettera.*	*Giovanni a*		*pu*	*écrire une lettre.*
	voluto				*voulu*	

- Toutefois, dans l'usage contemporain, on tend à employer le plus souvent l'auxiliaire **avere**.

les formes idiomatiques

Andare, stare, venire, tout en n'étant pas de vrais auxiliaires, contribuent au fonctionnement de la phrase au-delà de leur signification propre.

1 **Andare** (aller) peut donner lieu à différentes constructions :
- **andare** + **a** + **infinitif** ;
Cette construction est liée à une idée de déplacement. Comme tous les verbes de mouvement, andare est suivi de la préposition **a** et de l'infinitif.
   Vado a lavorare, a studiare...
   Je vais travailler, étudier...

- **andare** + **participe passé** (traduit l'idée de nécessité, d'obligation) ;
   La lezione va studiata.
   La leçon doit être étudiée.

- **andare** + **gérondif** (être en train de...).
   Che cosa vai dicendo ?
   Qu'est-ce que tu es en train de dire ?

2 **Stare** (être, rester) peut être employé pour exprimer une action en train de se réaliser ou qui va commencer :
- **stare** + **gérondif** (être en train de...) ;
   Che cosa stai facendo ?   *Qu'est-ce que tu es en train de faire ?*
   Sto studiando.   *Je suis en train d'étudier.*

- **stare** + **per** + **infinitif** (être sur le point de...).
   Giovanni sta per partire.
   Giovanni est sur le point de partir.

3 **Venire** (venir) peut exprimer aussi une action qui est en train de se réaliser, mais avec une nuance de subjectivité, avec l'implication du locuteur :
- **venire** + **gérondif** (être en train de) ;
   Paola mi viene dicendo strane cose.
   Paola est en train de me dire des choses bizarres.

- **venire** + **participe passé** (forme passive).
Voir n. 2, p. 19.

La forme impersonnelle, emploi du verbe uniquement à la 3e personne du singulier, est relativement rare en italien. Elle est réservée à certaines catégories de verbes :

1 Verbes indiquant des **phénomènes atmosphériques**[1] :

albeggiare	(10)	**nevicare**	(19)
annebbiare	(12)	**piovere**	(66)
annottare	(6)	**piovigginare**	(18)
balenare	(6)	**pioviscolare**	(6)
brinare	(6)	rannuvolare	(6)
diluviare	(12)	rischiarare	(6)
fioccare	(7)	schiarire	(100)
folgorare	(6)	**scurire**	(100)
fulminare	(6)	**sgelare**	(6)
gelare	(6)	**spiovere**	(66)
grandinare	(6)	**tempestare**	(6)
imbrunire	(100)	**tuonare**	(13)
lampeggiare	(10)	**ventare**	(6)

1. Sont indiqués en caractères gras, les verbes les plus usuels qui se conjuguent soit avec avere, soit avec essere.

Ces verbes peuvent être construits personnellement et prennent alors un sens figuré, voire littéraire :

Piovono tegole dal tetto.   *I proiettili grandinano durante la battaglia.*
Des tuiles pleuvent du toit.   *Les balles pleuvent pendant la bataille.*

2 Le verbe **fare** utilisé dans des locutions comme fare bello, fare caldo, fare freddo (auxiliaire **avere**) :

Fa caldo oggi.   *Tutto l'inverno ha fatto freddo.*
Aujourd'hui il fait chaud.   *Il a fait froid tout l'hiver.*

3 D'autres verbes **essentiellement impersonnels** (auxiliaire **essere**) :

accadere	(28)	giovare (essere / avere)	(6)
avvenire	(110)	licere	(D)
bastare	(6)	occorrere	(38)
bisognare	(6)	parere	(61)
calere	(92)	piacere	(64)
constare	(6)	rincrescere	(39)
convenire	(110)	spettare	(6)
dispiacere	(64)	succedere	(35)

Attention : ces verbes qui sont employés à la 3e personne du singulier et du pluriel s'accordent avec leur sujet :

Succede una cosa strana.   *Succedono strane cose.*
Il arrive une chose étrange.   *Il arrive des choses étranges.*

les formes impersonnelles avec ci et si

1 En italien le verbe essere est employé dans des locutions impersonnelles qui ont toutefois une forme et des significations différentes du français.
Précédées de **ci** les 3es personnes du singulier et du pluriel :

* permettent de situer dans l'espace ;
C'è un libro sul tavolo.   *Il y a un livre sur la table.*
Ci sono due libri sul tavolo.   *Il y a deux livres sur la table.*

* introduisent le début d'un conte, d'une fable.
C'era una volta un re...
Il était une fois un roi...

2 D'autres formes impersonnelles peuvent être construites en ayant recours au pronom **si** (généralement « on » en français).
Si parla molto.
On parle beaucoup.
Si lavora tutto il giorno.
On travaille toute la journée.
Si raccomanda di non fumare.
Prière de ne pas fumer.

la forme passive

Il y a en italien différentes manières de construire la forme passive.

1 Avec l'auxiliaire **essere et le participe passé** du verbe conjugué (c'est la forme la plus courante, voir le **tableau 3**, pp. 50-51).

Forme active	Forme passive
Andrea scrive una lettera.	*Una lettera è scritta da Andrea.*
Andrea écrit une lettre.	*Une lettre est écrite par Andrea.*
Andrea ha scritto una lettera.	*Una lettera è stata scritta da Andrea.*
Andrea a écrit une lettre.	*Une lettre a été écrite par Andrea.*

2 Avec le verbe **venire**, mais **uniquement aux temps simples** (présent, imparfait, passé simple, futur simple, conditionnel).

> *La lettera viene scritta da Paola. (la lettera è scritta da Paola)*
> *La lettre est écrite par Paola.*

3 Avec le verbe **andare** :
- traduisant une idée d'obligation à la place du verbe dovere + essere ;
  > *Le lettere vanno inviate (le lettere devono essere inviate).*
  > *Les lettres doivent être envoyées.*

- devant les verbes disperdere, perdere, smarrire, sprecare.
  > *La lettera andò perduta (la lettera fu perduta).*
  > *La lettre fut perdue.*

4 Avec les verbes **finire, restare, rimanere** généralement aux temps simples exprimant une **nuance de conclusion d'un processus inéluctable**.

> *La città rimase sepolta dalla lava.*
> *La ville fut ensevelie par la lave.*

5 Avec le pronom **si** (on) uniquement à la **troisième personne du singulier et du pluriel** de la **forme active** des verbes transitifs.

> *In Italia si leggono molti settimanali.*
> *En Italie, on lit beaucoup d'hebdomadaires.*

Cette forme impersonnelle est très employée dans la langue courante et dans le langage spécialisé (commerce, journaux...) ; elle peut donner lieu à des formes synthétiques avec inversion du pronom.

> *Si affitta appartamento.*   *Affittasi appartamento.*
> *On loue appartement.*   *(On) loue appartement.*

la forme pronominale

À l'intérieur de la forme pronominale, on distingue en italien différentes catégories selon les rapports existant entre sujet, verbe et pronom complément (voir **tableau 4**, p. 52).

1 **Les verbes réfléchis** (R)
- **Réfléchis propres**
  L'action exprimée par le verbe se « réfléchit » sur le sujet lui-même. Ce dernier fait l'action et en même temps la subit.
  > *Tu ti lavi.*
  > *Tu te laves.*

- **Réfléchis apparents** (R)
La forme est apparemment « réfléchie », le pronom personnel complément correspond au sujet, mais l'action est subie non par le sujet, mais par le complément direct.
Tu ti lavi le mani. Tu te laves les mains.

- **Réfléchis réciproques** (R)
L'action est à la fois faite et subie par deux ou plusieurs sujets.
Valentina e Andrea si abbracciano.
Valentina et Andrea s'embrassent.

Les verbes pronominaux (P)
- **Essentiellement pronominaux**
Ces verbes ont une forme pronominale et une valeur active :
accanirsi, accorgersi, adirarsi, arrabbiarsi, arrendersi, avvalersi, avvedersi, congratularsi, imbattersi, impadronirsi, incapricciarsi, intestardirsi, lagnarsi, ostinarsi, pentirsi, ravvedersi, ribellarsi, vergognarsi...
Ils ne peuvent se conjuguer qu'avec les pronoms personnels réfléchis.

- **Accidentellement pronominaux**
Un certain nombre de verbes, normalement transitifs, peuvent devenir accidentellement pronominaux. Dans ce cas, ils acquièrent une valeur intransitive et changent parfois de signification : *abbattere un albero (abattre un arbre) / abbattersi (se décourager)*.
Ainsi se comportent :
abbandonare, abbattere, accostare, addormentare, allontanare, annoiare, avviare, alzare, decidere, dimenticare, eccitare, fermare, invitare, muovere, offendere, rallegrare, rattristare, ricordare, svegliare...

Certains verbes, pronominaux en français, ne le sont pas en italien, et vice versa.

Pronominaux en français			
se disputer	bisticciare	se faner	appassire
se désister	desistere	se flétrir	avvizzire
se douter	sospettare	se lever (soleil)	sorgere
s'échapper	scappare	se méfier	diffidare
s'écouler (le temps)	trascorrere	se moquer de	canzonare, deridere
s'écrier	esclamare, gridare	se noyer	annegare, affogare
s'écrouler	crollare	se passer (de)	fare a meno di
s'enfuir	fuggire	se porter (bien / mal)	stare (bene / male)
s'envoler	volare via	se promener	passeggiare
s'épanouir	sbocciare	se rappeler	ricordare, ricordarsi
s'évader	evadere	se sauver	scappare
s'évanouir	svenire, venir meno	se taire	tacere, tacersi
s'exclamer	esclamare	se terminer	terminare
s'extasier	andare in estasi	se tromper (de)	sbagliare, sbagliarsi

Pronominaux en italien			
accomiatarsi	prendre congé	dimettersi	démissionner
ammalarsi	tomber malade	felicitarsi con	féliciter
approfittarsi	profiter	prendersi la libertà	prendre la liberté
arrampicarsi	grimper	muoversi	bouger
complimentarsi con	féliciter	rallegrarsi con	féliciter
buscarsi	attraper	restarsene	rester
congratularsi	féliciter	sciogliersi	fondre
degnarsi di	daigner	tuffarsi	plonger
dimenticarsi	oublier	vergognarsi	avoir honte

La construction de ces verbes étant particulièrement complexe, nous vous conseillons d'en vérifier les différents sens dans le dictionnaire ; certains ne sont pas purement pronominaux.

dimenticarsi di qualcosa　　　　*approfittarsi di qualcuno*
dimenticare qualcuno　　　　　 *approfittare di qualcosa*

4 Aux temps composés, les verbes **réfléchis** (R) et **pronominaux** (P) se conjuguent avec l'auxiliaire essere et leur participe passé s'accorde généralement avec le sujet (voir p. 39) :

Paola si è alzata.　　　　　*Ci siamo tuffati nel lago.*
Paola s'est levée.　　　　　*Nous avons plongé dans le lac.*

les pronoms personnels

1 **Place des pronoms personnels réfléchis**
Les pronoms personnels réfléchis **mi** (me), **ti** (te), **si** (se), **ci** (nous), **vi** (vous), **si** (se) :

• précédent généralement le verbe : **mi** lavo ;

• cependant sont placés **après** le verbe auquel ils se rattachent :
– à l'infinitif : lavarsi (avec suppression du -**e** final de l'infinitif) ;
– au gérondif : lavandosi ;
– à l'impératif : lavati, laviamoci, lavatevi ;
– au participe passé absolu : lavatosi, lavatasi.

D'autre part, ces pronoms personnels peuvent être placés indifféremment avant ou après le verbe dans les cas suivants :
– à la forme négative de l'impératif : non ti lavare / non lavarti ; non vi lavate / non lavatevi ;
– à l'infinitif avec les verbes « servili » (dovere, potere, volere).
Mi devo lavare / devo lavarmi. Je dois me laver.
Mi posso servire / posso servirmi. Je peux me servir.
Mi voglio divertire / voglio divertirmi. Je veux m'amuser.

Formes des pronoms personnels

Nombre / Personne	Sujets	Compléments			
		formes faibles[1]		formes fortes[2]	
		directs	indirects	directs	indirects
1re	io (je)	mi (me)		me (moi)	
2[e]	tu (tu)	ti (te)		te (toi)	
3e masculin	egli (il) [3] esso (il) lui (lui) [3]	lo (le)	gli (lui)	lui (lui)	lui (lui) esso[4] (lui)
3e féminin	essa (elle) ella (elle) [3] lei (elle) [3]	la (la)	le (lui)	lei (elle)	lei (elle) essa[4] (elle)
3e politesse	Lei (vous) [3] Ella (vous) [3]	la (vous)	le (vous)	Lei (vous)	
3e pronominale		si (se)		sé[6] (soi / lui, elle)	

Nombre / Personne	Sujets	Compléments			
		formes faibles[1]		formes fortes[2]	
		directs	indirects	directs	indirects
1re	noi (nous)	ci (nous)		noi (nous)	
2[e]	voi (vous)	vi (vous)		voi (vous)	
3e masculin	essi (ils) loro (eux) [3]	li (les)	loro[5]	loro (eux)	loro essi[4] (eux)
3e féminin	essi (ils) loro (elles) [3]	li (les)	loro[5] (elles)	loro (elles)	loro esse[4] (elles)
3e politesse	Loro[3] (vous)	Le (vous)	Loro[5] (vous)	Loro (vous)	
3e pronominale		si (se)		sé[6] (soi)	

1) Les **formes faibles** se placent toujours avant le verbe, sauf à l'infinitif, au participe passé absolu, à l'impératif et au gérondif.

2) Les **formes fortes** se placent après le verbe ou sont précédées d'une préposition : *Esi con me. Tu sors avec moi.*

3) Uniquement pour les personnes (**ella** est considérée comme une forme littéraire, particulièrement solennelle).

4) **Esso / i, essa / e** comme compléments indirects précédés de préposition s'emploient uniquement pour désigner un animal ou une chose.

5) Toujours après le verbe. *Io parlo loro. Je leur parle.* Dans l'italien contemporain, on a tendance à remplacer **loro** par la forme du masculin singulier : *gli. Gli scrivo. Je leur écris.*

6) **Sé** peut même se rapporter à un sujet déterminé ; dans ce cas, il remplace lui / elle, eux / elles. *Giovanna pensa solo a sé. Giovanna ne pense qu'à elle.*

Sé a un accent pour qu'on ne le confonde pas avec la conjonction **se** (si), mais il peut ne pas être accentué lorsqu'il est suivi de **stesso** ou **medesimo**.

Si è corretta da se stessa. Elle s'est corrigée d'elle-même.

Formes des pronoms groupés

Pronoms indirects faibles	+ pronoms directs faibles				
	lo	la	li	le	ne
mi[1]	me lo	me la	me li	me le	me ne
ti[1]	te lo	te la	te li	te le	te ne
gli[2] / le	**glielo**	**gliela**	**glieli**	**gliele**	**gliene**
ci[1]	ce lo	ce la	ce li	ce le	ce ne
vi[1]	ve lo	ve la	ve li	ve le	ve ne
loro[3]	lo ... loro **glielo**	la ... loro **gliela**	li ... loro **glieli**	le ... loro **gliele**	ne ... loro **gliene**

1) Changement de voyelle (**i-e**) pour les 1res et 2e personnes : mi / me, ti / te, ci / ce, vi / ve.

2) À la 3e personne du singulier, **gli** associé à un autre pronom devient **glie**.

3) Dans l'italien contemporain, on a tendance à employer même pour le pluriel **gli** à la place de **loro**. *Glielo dico. / Lo dico loro. Je le lui / leur dis.*

Les formes avec **gli** sont accolées (**glielo**). Les autres formes restent séparées. Cependant lorsqu'elles sont employées après le verbe à l'impératif, à l'infinitif, au participe passé et au gérondif, elles s'unissent au verbe avec lequel elles ne forment qu'un seul mot.

Portamelo. Apporte-le-moi.

L E S   V E R B E S   I R R É G U L I E R S

Ce sont les verbes qui ne suivent pas la conjugaison des verbes types. Ils sont nombreux en italien. Seule la pratique permet de mémoriser ces verbes très employés.

Nous regroupons ci-dessous les principales irrégularités concernant les formes du **passé simple** et du **participe passé**. Nous renvoyons aux tableaux de la partie *Conjugaison* pour les formes de tous les verbes irréguliers et de leurs composés.

les auxiliaires

Infinito **Infinitif**	Presente indicativo **Indicatif présent**	Passato remoto **Passé simple**	Participio passato **Participe passé**
essere	sono	fui	stato
avere	ho	ebbi	avuto

la 1re conjugaison

Infinito **Infinitif**	Presente indicativo **Indicatif présent**	Passato remoto **Passé simple**	Participio passato **Participe passé**
andare	vado	andai	andato
dare	do	diedi	dato
stare	sto	stetti	stato

la 2e conjugaison

Infinito	Passato remoto -SI	Participio passato -SO	Infinito	Passato remoto -SI	Participio passato -SO
accendere	accesi	acceso	correre	corsi	corso
accludere	acclusi	accluso	decidere	decisi	deciso
alludere	allusi	alluso	difendere	difesi	difeso
appendere	appesi	appeso	dividere	divisi	diviso
ardere	arsi	arso	elidere	elisi	eliso
aspergere	aspersi	asperso	espandere	espansi	espanso
chiudere	chiusi	chiuso	espellere	espulsi	espulso
contundere	contusi	contuso	esplodere	esplosi	esploso

	-SI	-SO		-SI	-SO
Infinito	Passato remoto	Participio passato	Infinito	Passato remoto	Participio passato
emergere	emersi	emerso	recidere	recisi	reciso
evadere	evasi	evaso	rendere	resi	reso
fondere	fusi	fuso	ridere	risi	riso
immergere	immersi	immerso	rifulgere	rifulsi	rifulso
incidere	incisi	inciso	rodere	rosi	roso
intridere	intrisi	intriso	scendere	scesi	sceso
invadere	invasi	invaso	spargere	sparsi	sparso
ledere	lesi	leso	spendere	spesi	speso
mordere	morsi	morso	tendere	tesi	teso
perdere	persi	perso[1]	tergere	tersi	terso
persuadere	persuasi	persuaso	uccidere	uccisi	ucciso
prendere	presi	preso	valere	valsi	valso
radere	rasi	raso			

1) Mais aussi perduto.

Attention au présent de l'indicatif du verbe valere (valgo).

	-SSI	-SSO		-SSI	-SSO
Infinito	Passato remoto	Participio passato	Infinito	Passato remoto	Participio passato
affiggere	affissi	affisso	muovere	mossi	mosso
annettere	annessi	annesso	percuotere	percossi	percosso
comprimere	compressi	compresso	riflettere[1]	riflessi	riflesso
concedere	concessi	concesso	scindere	scissi	scisso
discutere	discussi	discusso	scuotere	scossi	scosso
incutere	incussi	incusso			

1) Mais **riflettuto** pour **riflettere** = méditer / réfléchir, voir note p. 102.

	-SI	-TO		-SI	-TO
Infinito	Passato remoto	Participio passato	Infinito	Passato remoto	Participio passato
assolvere	assolsi	assolto	cogliere	colsi	colto
assumere	assunsi	assunto	distinguere	distinsi	distinto
cingere	cinsi	cinto	dipingere	dipinsi	dipinto

	-SI	-TO		-SI	-TO
Infinito	Passato remoto	Participio passato	Infinito	Passato remoto	Participio passato
dolersi	mi dolsi	dolutosi	scorgere	scorsi	scorto
ergere	ersi	erto	spegnere /	spensi	spento
fingere	finsi	finto	spengere		
frangere	fransi	franto	spingere	spinsi	spinto
piangere	piansi	pianto	svellere	svelsi	svelto
mungere	munsi	munto	torcere	torsi	torto
porgere	porsi	porto	tingere	tinsi	tinto
pungere	punsi	punto	ungere	unsi	unto
redimere	redensi	redento	vincere	vinsi	vinto
rimanere	rimasi	rimasto	volgere	volsi	volto
scegliere	scelsi	scelto			

Attention au présent de l'indicatif des verbes : cogliere (colgo), dolersi (mi dolgo), rimanere (rimango), scegliere (scelgo), spegnere / spengere (spengo).

	-SSI	-TTO		-SSI	-TTO
Infinito	Passato remoto	Participio passato	Infinito	Passato remoto	Participio passato
affliggere	afflissi	afflitto	negligere	neglessi	negletto
condurre	condussi	condotto	proteggere	protessi	protetto
cuocere	cossi	cotto	redigere	redassi	redatto
dire	dissi	detto	reggere	ressi	retto
dirigere	diressi	diretto	scrivere	scrissi	scritto
distruggere	distrussi	distrutto	struggere	strussi	strutto
friggere	frissi	fritto	trarre	trassi	tratto
leggere	lessi	letto			

Attention au présent de l'indicatif des verbes condurre (conduco), cuocere (cuocio), dire (dico), trarre (traggo).

	-SI	-STO		-SI	-STO
Infinito	Passato remoto	Participio passato	Infinito	Passato remoto	Participio passato
chiedere	chiesi	chiesto	rispondere	risposi	risposto
porre	posi	posto			

✐ Attention au présent de l'indicatif du verbe porre (pongo).

Infinito **Infinitif**	Redoublement de la consonne	
	Passato remoto **Passé simple**	Participio passato **Participe passé**
bere	bevvi	bevuto
cadere	caddi	caduto
conoscere	conobbi	conosciuto
crescere	crebbi	cresciuto
piovere	piovvi	piovuto
rompere	ruppi	rotto
tenere	tenni	tenuto
vivere	vissi	vissuto
volere	volli	voluto

la 3ᵉ conjugaison

Infinito **Infinitif**	Presente indicativo **Indicatif présent**	Passato remoto **Passé simple**	Participio passato **Participe passé**
apparire	appaio	apparvi	apparso
aprire	apro	aprii	aperto
morire	muoio	morii	morto
udire	odo	udii	udito
uscire	esco	uscii	uscito
venire	vengo	venni	venuto

les irrégularités du futur et du conditionnel

Infinito **Infinitif**	Presente indicativo **Indicatif présent**	Futuro semplice **Futur simple**	Condizionale presente **Conditionnel présent**
andare	vado	andrò	andrei
avere	ho	avrò	avrei
bere	bevo	berrò	berrei
cadere	cado	cadrò	cadrei
dovere	devo	dovrò	dovrei
godere	godo	godrò	godrei
morire	muoio	morirò / morrò	morirei / morrei
parere	paio	parrò	parrei
potere	posso	potrò	potrei
sapere	so	saprò	saprei
valere	valgo	varrò	varrei
vedere	vedo	vedrò	vedrei
venire	vengo	verrò	verrei

les verbes défectifs

Ce sont des verbes qui ne sont pas couramment employés à toutes les formes. Pour les formes qui font défaut, on fait souvent appel à d'autres verbes.
Ces verbes sont tous répertoriés dans l'index, en fin d'ouvrage ; après le signe ≈ sont indiquées les formes en usage ou, le cas échéant, les formes qui ne sont pas employées.
Dans la liste qui suit, les **verbes en caractères gras** sont ceux qui n'ont pas de participe passé et donc pas de temps composés. Les **verbes suivis d'un D** n'ont qu'un nombre très limité de formes : elles sont toutes indiquées dans l'index.
Pour les autres verbes, le numéro qui les suit renvoie aux tableaux des conjugaisons.

acquiescere	(20)	**competere**	(20)	**divergere**	(48)
addirsi	(41)	**concernere**	(20)	dovere	(47)
affarsi	(52)	constare	(6)	**eccellere**	(88)
aggradare	(6)	consumere	(26)	**erompere**	(77)
arcaizzare	(6)	controvertere	(20)	**esimere**	(73)
ardire	(111a)	**convergere**	(48)	**espandere**	(49)
arrogere	(D)	**delinquere**	(20)	**estrovertere**	(20)
atterrire	(111b)	**dirimere**	(73)	fallare	(6)
aulire	(D)	**disaggradare**	(6)	**fendere**	(21)
bisognare	(6)	**discernere**	(20)	**fervere**	(D)
calere	(92)	disdire	(41)	**folcire**	(D)
cernere	(20)	distare	(16)	**fulgere**	(67)

fungere	(55)	**mulcere**	(D)	**soccombere**	(20)
impellere	(50)	negligere	(42)	**solere**	(98a)
incombere	(20)	**olire**	(D)	**spandere**	(49)
indulgere	(67)	ostare	(D)	sparire	(112b)
inerire	(100)	prediligere	(42)	**spesseggiare**	(10)
invalere	(92)	propendere	(70)	**splendere**	(21)
ire	(D)	**prudere**	(20)	strapiombare	(6)
istare	(20)	redire	(D)	**stridere**	(74)
licere	(D)	ribisognare	(6)	**stridire**	(100)
lucere	(D)	**ridiscernere**	(20)	**suggere**	(98b)
malandare	(D)	riedere	(D)	tangere	(65)
malvolere	(D)	**rifulgere**	(67)	**tepere**	(D)
marcire	(112a)	**rilucere**	(D)	**tralucere**	(D)
mescere	(39)	**risplendere**	(21)	**urgere**	(55)
mingere	(31)	**scernere**	(20)	**vertere**	(20)
molcere	(D)	smorire	(105)	**vigere**	(72)

la diphtongaison

La diphtongaison est un phénomène classique de la phonétique et de l'orthographe italiennes, qui a perdu beaucoup de son importance dans l'usage contemporain. Elle intéresse les verbes de toutes les conjugaisons. Elle comporte deux règles.

1 Lorsque l'accent tonique tombe sur les voyelles **e, o** du radical, celles-ci se transforment en **ie** ou **uo**.

e → ie	sedere	(io) siedo	(essi / esse) siedono	mais (noi) sediamo

o → uo	suonare	(io) suono	(essi / esse) suonano	mais (noi) soniamo

2 Il n'y a pas de diphtongue même si les voyelles **e / o** sont accentuées lorsqu'elles se trouvent en syllabe fermée (se terminant par une consonne).

(io)	mossi	parce que	mos-si
(essi / esse)	mossero		mos-sero

3 La tendance actuelle est de **garder** pour toutes les personnes la **forme de l'infinitif** :
giocare   io gioco, tu giochi au lieu de io giuoco, tu giuochi... ;
muovere   io muovo, tu muovi... mais aussi noi muoviamo au lieu de noi moviamo

tout en respectant la règle 2 dans un nombre limité de formes (1re et 3e personnes du singulier et 3e du pluriel du passé simple et participe passé) :

(io)	mossi	mosso
(egli / essa)	mosse	
(essi / esse)	mossero	

Quelquefois, la diphtongue peut servir à différencier des verbes de formes proches.

abbuonare (remettre, pardonner)	abbonare (abonner)
nuotare (nager)	notare (remarquer)
vuotare (vider)	votare (voter)

les verbes « sovrabbondanti »

1 Ce sont des verbes[1] qui possèdent une double forme appartenant à deux conjugaisons différentes (généralement la 1re et la 3e) mais ayant la même signification.

abbrustolare	(18)	**abbrustolire**	(100)	**imbiancare**	(7)	imbianchire	(100)
accalorare	(6)	accalorire	(100)	**incapricciarsi**	(9)	incapriccirsi	(100)
ad**e**mpiere	(33)	adempire	(33)	indurare	(6)	**indurire**	(100)
aggranchiare	(12)	aggranchire	(100)	intorbidare	(6)	**intorbidire**	(100)
ammansare	(6)	ammansire	(100)	raggrinzare	(6)	**raggrinzire**	(100)
ammollare	(6)	ammollire	(100)	redire	(D)	riedere	(D)
ammusare	(6)	ammusire	(100)	ri**e**mpiere	(33)	**riempire**	(33)
ammutare	(6)	ammutire	(100)	**rischiarare**	(6)	rischiarire	(100)
annerare	(6)	annerire	(100)	sc**a**ndere	(49)	**scandire**	(100)
approfondare	(6)	**approfondire**	(100)	**scapricciare**	(9)	scapriccire	(100)
assordare	(6)	assordire	(100)	**schiarare**	(6)	schiarire	(100)
attristare	(6)	attristire	(100)	scolorare	(6)	**scolorire**	(100)
c**e**rnere	(20)	cernire	(20)	sgranchiare	(12)	**sgranchire**	(100)
colorare	(6)	colorire	(100)	smagrare	(6)	smagrire	(100)
c**o**mpiere	(33)	compire	(33)	starnutare	(6)	**starnutire** /	(100)
dimagrare	(6)	**dimagrire**	(100)			sternutire	
empiere	(33)	**empire**	(33)	**tintinnare**	(6)	tintinnire	(100)

1) Les formes **les plus employées** de ces verbes sont en caractères gras.

2 D'autres verbes ne sont qu'apparemment « sovrabbondanti », en réalité il s'agit de verbes différents, avec forme et significations différentes.

abbonare	(6)	abbonire	(100)
(abonner)		(calmer)	
abbronzare	(6)	abbronzire	(100)
(bronzer, hâler)		(recouvrir de bronze)	
ardere	(23)	**a**rdire	(111a)
(brûler)		(oser)	
arrossare	(6)	**arrossire**	(100)
(rougir / rendre rouge)		(rougir / devenir rouge)	
atterrare	(6)	atterrire	(111b)
(abattre, atterrer, atterrir)		(terrifier)	

marciare	(9)	**marcire**	(112a)
(marcher)		(pourrir)	
sbiancare	(7)	sbianchire	(100)
(décolorer / pâlir, se décolorer)		(décolorer / déteindre)	
sfiorare	(6)	**sfiorire**	(100)
(effleurer)		(se faner)	
sparare	(6)	**sparire**	(112b)
(tirer avec une arme à feu)		(disparaître)	
tornare	(6)	**tornire**	(100)
(revenir)		(tourner au tour)	

M O D E S E T T E M P S
●●●

l'indicatif (indicativo)

C'est le mode de la réalité, de la certitude, de l'objectivité.
Dans l'ensemble, son usage en italien n'est pas différent du français.

1 Présent (presente)
Indique l'action au moment où elle se déroule.
> Giovanni **parla**. Giovanni parle.

Il peut prendre d'autres valeurs :
* futur proche introduit par des adverbes comme adesso, ora, subito...
  Ora **parto**. Je vais partir.

* futur avec des locutions temporelles indiquant le futur comme fra..., domani...
  Parto domani.   Fra tre giorni **finiscono** le vacanze.
  Je pars demain.   Les vacances finissent dans trois jours.
  Ici le futur exprime une action à venir dont on est absolument certain.

2 Imparfait (imperfetto)
L'imparfait peut exprimer :
* une action qui se déroule dans le passé et qui n'est pas encore entièrement terminée ;
  Lavorava da molti anni a Milano.
  Il travaillait à Milan depuis de nombreuses années.

- une action qui se répétait habituellement ;
*Tutte le matine Sonia **andava** a scuola.*
Tous les matins Sonia allait à l'école.

- un désir (registre familier).
***Volevo** due pizze.*
Je voudrais deux pizzas.

③ Passé composé (passato prossimo)
Indique un fait qui s'est réalisé dans un passé (proche ou lointain) qui garde des liens avec le présent.
*Stamani **ho visto** un bel quadro.*
Ce matin j'ai vu un beau tableau.
***Sono arrivato** a Roma cinque anni fa. (j'habite encore Rome)*
Je suis arrivé à Rome il y a cinq ans.

④ Passé simple (passato remoto)
Indique un fait complètement révolu dans le passé, qui n'a plus de relations avec le présent de l'énonciation.
*Cesare **conquistò** la Gallia nel 50 avanti Cristo.*
César conquit la Gaule en 50 avant J.-C.
mais on dira :
*Mio fratello **è nato** nel 1996.*
Mon frère est né en 1996.
D'une manière générale, le passato remoto est davantage ressenti comme une forme de la langue écrite. Dans la langue parlée, il est de plus en plus souvent remplacé par le passé composé.

⑤ Plus-que-parfait (trapassato prossimo)
Il est employé pour exprimer l'antériorité d'une action par rapport à une autre. Cette dernière peut être à l'imparfait, au passé composé, au passé simple.
*Siccome non **avevo dormito** abbastanza, non potei svegliarmi in tempo.*
Comme je n'avais pas assez dormi, je ne pus me réveiller à temps.

*Si riposavano perchè **avevano studiato** tutto il giorno.*
Ils se reposaient parce qu'ils avaient étudié toute la journée.

⑥ Passé antérieur (trapassato remoto)
Il indique, généralement dans une subordonnée temporelle, une action qui s'est complètement réalisée dans le passé, avant une autre, accomplie elle aussi dans le passé.
Il n'est plus très employé.
*Quando **ebbi finito** il lavoro andai in vacanza.*
Quand j'eus terminé mon travail, je partis en vacances.

7 Futur (futuro)

Il indique un fait encore à venir au moment où l'on parle, où l'on écrit.
Le futur peut aussi exprimer :
* une supposition, une approximation ;
  Saranno dieci anni che non fumo più.
  Ça fait peut-être dix ans que je ne fume plus.
  Sul tavolo ci **saranno** una ventina di libri.
  Sur la table il y a peut-être une vingtaine de livres.

* une incertitude dans le présent ou dans le futur (phrases interrogatives) ;
  Di chi **sarà** questo libro ?
  À qui ce livre peut-il appartenir ?

* un doute, la négation d'une affirmation faite par autrui.
  Sarà interessante, ma in questo momento ho altri problemi.
  C'est peut-être intéressant, mais en ce moment j'ai d'autres problèmes.

8 Futur antérieur (futuro anteriore)

Ce temps est employé pour marquer l'antériorité par rapport au futur simple.
Quando **avrò finito** questo libro, ne leggerò un altro.
Quand j'aurai terminé ce livre, j'en lirai un autre.

le subjonctif (congiuntivo)

EMPLOI

C'est le mode de la possibilité, du doute, de l'incertitude, de l'hypothèse.
Il s'oppose à l'indicatif pour indiquer ce qui est peu vraisemblable, incertain, douteux.
Même si l'italien contemporain tend à réduire son importance, l'usage du subjonctif est **obligatoire** dans les cas suivants.

1 Dans les phrases subordonnées en dépendance des :

* verbes d'**opinion** : credere, dire, pensare, supporre, trovare, cercare... quand ils n'envisagent pas ce qui est dit comme réel ;
  Penso che **sia** vero.   Credo che tu **abbia** molta fortuna.
  Je pense que c'est vrai.   *Je crois que tu as beaucoup de chance.*

* verbes indiquant un **sentiment**, un **doute**, la **crainte** : dispiacere, piacere, sperare, temere, avere paura, essere contento, dubitare...
  Mi dispiace che egli non **venga** questa sera.   Temo che tu **abbia** torto.
  Je regrette qu'il ne vienne pas ce soir.   *Je crains que tu n'aies tort.*

À noter que le verbe **sperare** se construit avec le subjonctif.

Spero che tu **venga** al cinema con me → venga : subjonctif présent
J'espère que tu viendras au cinéma avec moi.

Speravamo che tu **venissi** al cinema con noi → venissi : subjonctif imparfait
Nous espérions que tu viendrais au cinéma avec nous.

* verbes indiquant la **volonté** ou le **souhait** : volere, esigere, pretendere, ordinare, augurare, chiedere, desiderare, pregare...
*Voglio che tu **venga** subito.*
Je veux que tu viennes tout de suite.

* verbes ou locutions impersonnels traduisant la **nécessité**, la **possibilité**, l'**impossibilité**, l'**improbabilité** : bisognare, occorrere, parere, sembrare, essere necessario / importante / indispensabile / possibile, convenire, può darsi, si dice / dicono ;
*È possibile che **sia partito** questa mattina.*
Il est possible qu'il soit parti ce matin.

* certains verbes à la forme négative lorsqu'ils impliquent l'**incertitude**.
*Non capisco chi **sia**. Je ne comprends pas qui il peut bien être.*
*Non vedo dove tu **vada**. Je ne vois pas où tu peux bien aller.*
*Non ricordo come si **chiami**. Je ne me rappelle pas comment il peut bien s'appeler.*
*Non so dove egli **abiti**. Je ne sais pas où il peut bien habiter.*

2 Dans les subordonnées introduites par un **pronom relatif** ayant pour antécédent :
* un superlatif relatif ou un comparatif ;
*Il monte Bianco è la cima più alta che io **abbia visto**.*
Le mont Blanc est le sommet le plus élevé que j'aie vu.

* les adjectifs solo, unico ;
*Filippo è l'unico amico che **abbia**.*
Filippo est le seul ami que j'aie.

* les pronoms ou adjectifs indéfinis négatifs nessuno, niente...
*Non c'è nessuno che **sappia** risolvere questo problema.*
Il n'y a personne qui sache résoudre ce problème.

3 Dans les phrases hypothétiques exprimant la **possibilité** ou l'**impossibilité**, introduites par **se** ou par **un adverbe** ou **une locution** : qualora, quand'anche, nel caso che / in cui, caso mai, magari... On emploie alors le subjonctif imparfait ou plus-que-parfait (voir tableau p. 44).
*Se tu **lavorassi**, avresti dei buoni risultati.*
Si tu travaillais, tu aurais de bons résultats.

*Se tu **avessi lavorato**, avresti avuto dei buoni risultati.*
Si tu avais travaillé, tu aurais eu de bons résultats.

TEMPS

1 Présent (presente)

C'est le temps le plus employé du subjonctif.

Il indique la contemporanéité par rapport à un présent ou à un futur.

*Penso che **sia** vero.*   *Crederanno che **sia** vero.*
Je pense que c'est vrai.   *Ils croiront que c'est vrai.*

Il remplace les personnes manquantes de l'impératif (3e du singulier et 1re et 3e du pluriel).

sia	ami	tema	senta	(egli / essa / Lei)
siamo	amiamo	temiamo	sentiamo	(noi)
siano	amino	temano	sentano	(essi / esse / Loro)

2 Imparfait (imperfetto)

Il exprime un désir, un souhait que l'on estime irréalisable, ou bien que l'on craint.

*Se **fossi** una colomba!*   *Se **fosse** qui!*
Si j'étais une colombe!   *S'il était ici!*

Dans les subordonnées, il indique la contemporanéité par rapport à un temps passé.

*Credevo **fosse** in casa. Je croyais qu'il était chez lui.*

Il est aussi employé dans la phrase hypothétique pour indiquer la possibilité.

*Se **studiassi**, saresti promosso. Si tu étudiais, tu serais reçu.*

3 Passé (passato)

Il exprime un doute, un désir, une possibilité dans le passé.

*Che **abbiano** vinto alla lotteria?*
Serait-il possible qu'ils aient gagné au loto?

Dans les subordonnées, il indique une action antérieure à un temps présent ou futur[1].

*Spero che tu **abbia trovato** un appartamento.*
J'espère que tu as trouvé un appartement.

*Crederò che **abbia avuto** ragione solo quando l'avrò ascoltata.*
Je croirai qu'elle a eu raison seulement quand je l'aurai entendue.

1) Noter que dans ce cas, en français, on emploie le temps correspondant de l'indicatif.

4 Plus-que-parfait (trapassato)

Il indique un désir, un souhait qui ne se sont pas réalisés dans le passé.

***Avessi avuto** più fortuna! Si j'avais eu plus de chance!*

Dans la phrase hypothétique, il indique que la condition n'a pas été réalisée.

*Se **avessi studiato**, sarei stato promosso. Si j'avais étudié, j'aurais été reçu.*

C'est le mode de l'hypothèse, de la condition ; il peut avoir différentes valeurs.

1 Valeur modale

- Pour indiquer l'atténuation :
  - d'une demande : **Vorresti** dirmi dove siamo ?   *Voudrais-tu me dire où nous sommes ?*
  - d'un ordre : **Dovresti** aiutare la mamma.   *Tu devrais aider ta mère.*
  - d'un désir : **Mi piacerebbe** visitare Venezia.   *J'aimerais visiter Venise.*
  - d'un conseil : **Potresti** studiare di più.   *Tu pourrais étudier davantage.*

- Pour rapporter un fait dont on n'est pas sûr.
  Secondo la stampa l'aereo **sarebbe caduto** in mare.
  D'après la presse l'avion serait tombé en mer.

- Dans les phrases hypothétiques introduites par **se**, par un **adverbe** ou une **locution** : qualora, quand'anche, nel caso che / in cui, caso mai, magari... (voir tableau, pp. 41-42).
  Si la condition est considérée comme réalisable, on emploie le conditionnel présent, si elle est donnée comme impossible, irréalisable, on emploie le conditionnel passé.
  Se tu mi ascoltassi, mi **capiresti** meglio.
  Si tu m'écoutais, tu me comprendrais mieux.
  Se tu mi avessi ascoltato, mi **avresti capito** meglio.
  Si tu m'avais écouté, tu m'aurais mieux compris.
  Qualora venisse, **andremmo** tutti al cinema.
  Au cas où il viendrait, nous irions tous au cinéma.

2 Valeur temporelle

Lorsque le conditionnel introduit une action future par rapport à un temps passé, l'italien emploie le conditionnel passé et non le conditionnel présent comme en français.

Diceva che **sarebbe venuto**.   Aveva detto che **sarebbe venuto**.
Il disait qu'il viendrait.   *Il avait dit qu'il viendrait.*

1 Impératif affirmatif

Il n'a pas de première personne. Il n'a en propre que la 2ᵉ personne du singulier, les autres personnes étant empruntées au présent de l'indicatif ou du subjonctif :

sii	(tu)	**abbi**	(tu)	**parla**	(tu)	**temi**	(tu)	**senti**	(tu)
sia	(Lei)	abbia	(Lei)	parli	(Lei)	tema	(Lei)	senta	(Lei)
siamo	(noi)	abbiamo	(noi)	parliamo	(noi)	temiamo	(noi)	sentiamo	(noi)
siate	(voi)	abbiate	(voi)	parlate	(voi)	temete	(voi)	sentite	(voi)
siano	(Loro)	abbiano	(Loro)	parlino	(Loro)	temano	(Loro)	sentano	(Loro)

Andare, dare, fare, stare, dire ont plusieurs formes pour la 2e personne du singulier : va'/vai ; da'/dai ; fa'/fai ; sta'/stai ; di'/di.

Impératif négatif

* À la forme négative, la 2e personne du singulier de l'impératif se forme avec **non** + **infinitif**.
  non amare   non temere   non sentire

* Les autres personnes se forment régulièrement.

non ami	(Lei)	non tema	(Lei)
non amiamo	(noi)	non temiamo	(noi)
non amate	(voi)	non temete	(voi)
non amino	(Loro)	non temano	(Loro)

Attention à la place des pronoms personnels compléments **mi, ti, ci, vi, lo, li, l', la, le, gli, ne**.

– Après le verbe avec la 1re personne du pluriel et les 2es personnes du singulier et du pluriel :

amami	temilo	prendile
amiamoci	temiamola	prendiamone
amatevi	temetela	prendetene

– Devant le verbe avec la 3e du singulier et du pluriel :

le ami	lo tema	le senta
lo amino	lo temano	le sentano

– Avec les verbes **andare, dare, fare** et **dire**, la 2e personne du singulier de l'impératif étant monosyllabique, il y a redoublement de la consonne initiale du pronom complément :

vacci (ci + vai)	stacci (ci + stai)	dallo (lo + dà)	fallo (lo + fa)
dimmi (mi + di)	dillo (lo + di)		

Remarquer la forme : Vattene ! Va-t-en !

l'infinitif (infinito)

Il indique d'une manière indéfinie l'action exprimée par le verbe sans indications de personne ou de nombre. Ses terminaisons marquent le groupe d'appartenance du verbe : **-are, -ere, -ire**.
Il a deux temps : le **présent** qui n'a aucune notation temporelle : amare, temere, sentire ; le **passé** qui marque l'antériorité par rapport aux autres temps : avere amato, avere temuto, avere sentito.

L'infinitif a différentes valeurs.
* **Valeur nominale :** il peut remplir toutes les fonctions d'un substantif.
  Leggere troppo fa male agli occhi.   *Lavorare* stanca.
  Lire trop abîme les yeux.   Le travail fatigue.

Comme un substantif, il peut être précédé d'un déterminant : article, adjectif possessif ou démonstratif.

> **Il troppo bere** rovina la salute.
> Boire trop nuit à la santé.

- **Valeur modale :** il indique la modalité d'une action.

– un ordre ou un conseil :	Agitare prima dell'uso.	Agiter avant usage.
	Aprire lentamente la porta.	Ouvrir lentement la porte.
– une interdiction :	Non fumare.	Ne pas fumer.
– un doute, une inquiétude :	Che fare ? Che dire ?	Que faire ? Que dire ?
– l'indignation, la surprise :	Dirmi una cosa simile ! A me !	Me dire une chose pareille ! À moi !
– un regret :	Pensare che ero così felice !	Et dire que j'étais si heureux !

2 L'infinitif peut être précédé de différentes prépositions, en particulier :
- **a** (après les verbes de mouvement ou pour indiquer un but) ;

Corro **a comprare** il giornale.	Vado **a vedere** la mostra di pittura.
Je cours acheter le journal.	Je vais voir l'exposition de peinture.
Si fermano **a ammirare** il panorama.	Rimangono **a guardare** la TV.
Ils s'arrêtent pour regarder le paysage.	Ils restent regarder la télévision.

- **da :** Un libro **da studiare**.   E'così intelligente **da capire** ciò che deve fare.
  Un livre à étudier.   Il est assez intelligent pour comprendre ce qu'il doit faire.

- **di :** Penso **di fare** una gita.
  Je pense faire une excursion.

L'infinitif qui suit un verbe indiquant un mouvement (andare, correre, fuggire...) est précédé par la préposition **a**.

Vado **a** lavorare.	Corrono **a** vedere l'ultimo film di Fellini.
Je vais travailler.	Ils courent voir le dernier film de Fellini.

---

le participe (participio)

1 Participe présent (participio presente)
Il se forme en ajoutant au radical les terminaisons **-ante** (1er groupe), **-ente** (2e et 3e groupes).

am-are   am-ante   ard-ere   ard-ente   part-ire   part-ente

Il n'a que deux formes (singulier / pluriel) : -ante / -anti, -ente / -enti. Il s'accorde toujours.

En italien, le participe présent a rarement une valeur verbale, il est plutôt employé comme adjectif ou substantif.

*Non ci sono più animali feroci **viventi** in Italia.*
Il n'y a plus d'animaux féroces vivant en Italie.

*I **residenti** in città devono presentarsi al Comune.*
Les personnes résidant en ville doivent se présenter à la Mairie.

Le participe présent français avec valeur verbale est souvent remplacé en italien par une proposition relative au subjonctif.

*Cerco un alunno **che parli** cinese.*
Je cherche un élève parlant chinois.

Remarques
Le verbe **avere** a deux participes présents : **avente / i** (substantif : l'ayant...) et **abbiente / i** (celui qui possède). Le participe présent du verbe **essere** : **ente / i** est employé comme un nom.
L'ENEL[1] è un ente pubblico. L'ENEL est un organisme public.

1) Ente Nazionale per l'Energia Elettrica (l'EDF italien).

Participe passé (participio passato) : accord

- Le participe passé sert à former les temps composés. Il s'accorde en genre et en nombre.

mas. sing.	partit**o**	fém. sing.	partit**a**
mas. plur.	partit**i**	fém. plur.	partit**e**

Son accord dépend de l'auxiliaire employé : essere ou avere ; de la forme : impersonnelle / pronominale, et dans certains cas, de la place et de la nature du complément d'objet direct (COD).

- Avec l'auxiliaire <u>essere</u>, l'accord doit se faire **avec le sujet**.
*Piero è partit**o**.*   *Piero e Giovanna sono partit**i**.*
*Paola è partit**a**.*   *Paola e Giovanna sono partit**e**.*

Cas particuliers

– Avec la forme impersonnelle introduite par **si** (on / nous) on ne fait l'accord avec le sujet que si le verbe se conjugue habituellement avec <u>essere</u>.
(Noi) Si è lavorato fino a tarda notte. (lavorare T = avere)
Nous avons travaillé tard dans la nuit.
(Noi) Si è partiti a tarda notte. (partire I = <u>essere</u>)
Nous sommes partis tard dans la nuit.

– Avec les verbes réfléchis apparents accompagnés d'un COD autre que la particule pronominale (mi, ti, si, ci, vi, si...), l'accord se fait avec le sujet et plus rarement avec le COD et cela indépendamment de la place occupée par le COD.
*Paola si è lavat**a**(e) le mani.*
*Le mani che Paola si è lavat**a**(e) sono pulite.*

- Avec l'auxiliaire **avere**, l'accord se fait avec le **COD s'il précède le verbe**, mais à certaines conditions.
  - Si le COD est un pronom complément de la 3e personne, lo / li, la / le, l'accord est obligatoire.
    Li ho visti nel negozio.   *Le ho incontrate per strada.*
    Je les ai vus dans le magasin.   *Je les ai rencontrées dans la rue.*
  - Avec les pronoms **mi** (me), **ti** (te), **ci** (nous), **vi** (vous) et **ne** (en) COD, l'accord est facultatif.
    Vi ho incontrato. | *Je vous ai rencontrés.*   *Ti ho visto.* | *Je t'ai vue.*
    Vi ho incontrati. | *Ti ho vista.*
  - Lorsque **ne** a une signification partitive, l'accord est obligatoire.
    La frutta ? Ne ho già mangiata.
    Les fruits ? J'en ai déjà mangé.
  - Si le COD est un nom ou un pronom relatif, l'accord est possible, mais assez rare.
    I libri che ho visto(i) sono molto interessanti.
    Les livres que j'ai vus sont très intéressants.

Le participe passé employé avec un auxiliaire s'accorde obligatoirement :
- avec le **sujet** quand il est accompagné de l'auxiliaire essere ;
  Giovanni e Paolo sono partiti.   *Giovanni et Paolo sont partis.*
- avec le **COD** exprimé par les pronoms lo / li, la / le, ne (avec signification partitive), quand ils précèdent le verbe accompagné de l'auxiliaire avere.
  Giovanna ? L'abbiamo vista.   *Giovanna ? Nous l'avons vue.*
  Paola e Giovanna ? Le abbiamo viste.   *Paola et Giovanna ? Nous les avons vues.*

- Le participe passé, employé sans auxiliaire, s'accorde avec le nom auquel il se rapporte.
  Arrivato alla stazione, comprai un giornale.   *Dette queste parole, è partito.*
  Arrivé à la gare, j'achetai un journal.   *Après avoir prononcé ces mots, il est parti.*

le gérondif (gerundio)

Le gérondif se forme en ajoutant au radical du verbe la terminaison **-ando** pour la 1re conjugaison et **-endo** pour les deux autres conjugaisons.
     am-are : am-**ando**   tem-ere : tem-**endo**   sent-ire : sent-**endo**
Il indique une action dans son devenir, au moment même où elle se produit.

1 Il peut s'employer seul.
     Leggendo *ha imparato molte cose.*   **Sbagliando** *s'impara.*
     En lisant, il a appris beaucoup de choses.   *On apprend en se trompant.*

2 Il peut aussi s'employer dans des constructions idiomatiques pour indiquer une action qui est en train de se réaliser :
- **stare** + **gérondif** (c'est la forme la plus employée) ;
  *Fai silenzio, **sta parlando**. Tais-toi, il est en train de parler.*

- **andare** + **gérondif** avec une nuance d'objectivité ;
  *La situazione **va migliorando** di ora in ora.*
  La situation s'améliore d'heure en heure.

- **venire** + **gérondif** (forme plus subjective) : le locuteur est impliqué directement.
  ***Mi viene raccontando** storie incoerenti.*
  Il est en train de me raconter des choses bizarres.

Le gérondif a aussi une forme passée : **avendo / essendo** + **participe passé**. Elle exprime une action antérieure à celle de la phrase principale.
Avendo scritto la lettera, la imbucò.
Ayant écrit la lettre, il la posta.

C O N C O R D A N C E   D E S   T E M P S
D A N S   L E S   S U B O R D O N N É E S
●●●

la phrase hypothétique

Dans la phrase hypothétique qui est introduite par **se**, les modes et les temps employés changent selon le degré de probabilité de réalisation des hypothèses.

1 La condition est donnée comme **réalisable**.

se + présent indicatif se + futur indicatif	futur / présent indicatif futur
Se **vinco** al Totocalcio, Se **vincerò** al Totocalcio,	**comprerò / compro** una Ferrari. **comprerò** una Ferrari.

2 La condition est **irréalisable dans le présent**, mais **possible dans le futur**.

se + imparfait du subjonctif	conditionnel présent
Se **vincessi** al Totocalcio,	**comprerei** una Ferrari.

La condition **n'a pas été réalisée.**

se + plus-que-parfait	conditionnel passé
Se io **avessi vinto** al Totocalcio,	**avrei comprato** una Ferrari.

Contrairement au français, l'italien peut employer :
- un double futur dans la phrase hypothétique de la probabilité (tableau 1) ;
  Se **verrò**, mi **vedrai**.
  Si je viens, tu me verras.

- le subjonctif après **se** pour exprimer le doute ou l'irréalité (tableaux 2 et 3).
  Se tu **partissi** subito, **arriveresti** in tempo.
  Si tu partais tout de suite, tu arriverais à l'heure.
  Se tu **fossi partito** subito, **saresti arrivato** in tempo.
  Si tu étais parti tout de suite, tu serais arrivé à l'heure.

discours direct / discours rapporté

Le passage du discours direct au discours rapporté entraîne des modifications du message initial :
- pronoms personnels et adjectifs possessifs ;
- adverbes et adjectifs de temps et de lieu.
En ce qui concerne les modes et les temps des verbes, il faut noter que :

Si le verbe introducteur (chiedere, dire, domandare, rispondere...) est au **présent** ou au **futur de l'indicatif**, le mode et le temps de la subordonnée ne changent pas, sauf pour l'impératif qui devient présent du subjonctif :

		SUBORDONNÉE L'action exprimée est :			
		antérieure ieri / il giorno prima...	simultanée oggi / quel giorno...	postérieure domani / il giorno dopo...	
	PRINCIPALE	Passé composé	Présent	Futur	Impératif présent
Discours direct	Présent / Futur				
	Dice : Dirà :	« Ho studiato. »	« Studio. »	« Studierò. »	« Studia al posto mio. »

	PRINCIPALE	SUBORDONNÉE L'action exprimée est :			
		antérieure ieri / il giorno prima...	simultanée oggi / quel giorno...	postérieure domani / il giorno dopo...	
Discours rapporté	Présent / Futur	Passé composé	Présent	Futur	Subjonctif présent
	Dice che Dirà che	ha studiato.	studia.	studierà.	io studi al posto suo.

2 Si le **verbe introducteur** est au **passé** (imparfait, passé composé, passé simple de l'indicatif), on a :

	PRINCIPALE	SUBORDONNÉE L'action exprimée est :			
		antérieure ieri / il giorno prima...	simultanée oggi / quel giorno...	postérieure domani / il giorno dopo...	
Discours direct	Imparfait Passé composé Passé simple	Passé composé	Présent	Futur	Impératif présent
	Diceva : Ha detto : Disse :	« Ho già studiato. »	« Studio oggi. »	« Studierò domani. »	« Studia al posto mio. »
Discours rapporté	Imparfait Passé composé Passé simple	Plus-que-parfait	Imparfait	Conditionnel passé	Subjonctif imparfait
	Diceva che Ha detto che Disse che	aveva già studiato.	studiava oggi.	avrebbe studiato il giorno dopo.	io studiassi al posto suo.

1 Si le **verbe introducteur** (à l'indicatif) demande un subjonctif, dans la subordonnée, on a :

PRINCIPALE	SUBORDONNÉE L'action exprimée est :		
	antérieure ieri / il giorno prima...	simultanée oggi / quel giorno...	postérieure domani / il giorno dopo...
Présent / Futur	Subjonctif imparfait	Subjonctif présent	Futur
Penso (che) Penserò	tu avessi ragione[1].	tu abbia ragione.	avrai ragione.
Imparfait Passé composé Passé simple	Subjonctif plus-que-parfait	Subjonctif imparfait	Conditionnel passé
Pensavo Ho pensato (che) Pensai	tu avessi avuto ragione.	tu avessi ragione.	tu avresti avuto ragione.

1) abbia avuto ragione (subjonctif passé) pour indiquer une action complètement terminée dans le passé.

2 Si le **verbe introducteur** (au conditionnel) demande un subjonctif, dans la subordonnée, on a :

PRINCIPALE	SUBORDONNÉE L'action exprimée est :		
	antérieure : ieri / il giorno prima...	simultanée : oggi / quel giorno...	postérieure : domani / il giorno dopo...
Conditionnel présent	Subjonctif plus-que-parfait	Subjonctif imparfait	Subjonctif imparfait
Vorrei (che)	tu avessi lavorato.	tu lavorassi.	tu lavorassi.
Conditionnel passé	Subjonctif plus-que-parfait	Subjonctif imparfait	Subjonctif imparfait
Avrei voluto (che)	tu avessi lavorato.	tu lavorassi.	tu lavorassi.

Tableaux
des verbes types

CRITÈRES DE CHOIX

❶ Classification des verbes

• Pour les 1er et 3e groupes, sont d'abord présentés les verbes types des conjugaisons : **amare** (1re conjugaison), **sentire / finire** (3e conjugaison). Les verbes sont ensuite classés selon les principales irrégularités orthographiques, des plus simples aux plus complexes. Les modèles présentant des problèmes de prononciation (place de l'accent tonique) sont repris en dernier.

• Les verbes du **2e groupe** (presque tous irréguliers) sont classés par ordre alphabétique. Les verbes types ont été choisis en tenant compte non seulement de la morphologie, mais aussi de la phonétique, en particulier de la place de l'accent tonique à l'infinitif. Ainsi acc_endere (_endere) mais aussi _ardere sont conjugués bien que certaines formes soient communes aux deux verbes. Ce choix a permis de rendre compte de toutes les formes de ces verbes irréguliers.

❷ Graphie et formes présentées

Nous faisons figurer les pronoms sujets de toutes les formes conjuguées, mais aux 3es personnes, nous donnons uniquement les formes du masculin. Pour celles du féminin, se reporter à la grammaire du verbe, page 10 où les pronoms personnels font l'objet d'un tableau.

De même, les participes passés sont accordés avec les pronoms sujets masculins. Pour les règles d'accord, se reporter à la grammaire du verbe page 39.

Les irrégularités orthographiques sont signalées systématiquement en haut des tableaux ; exemple : **cercare**, modèle 7, page 55. Sont également signalées les formes irrégulières du passato remoto (passé simple) et du participio passato (participe passé) ; exemple : **dare**, modèle 15, page 63.

❸ Les modes et les temps

Les modes et les temps des verbes sont en italien. Voici leur correspondant en français.

indicativo	:	indicatif	**presente**	:	présent
congiuntivo	:	subjonctif	**passato prossimo**	:	passé composé
condizionale	:	conditionnel	**imperfetto**	:	imparfait
imperativo	:	impératif	**trapassato prossimo**	:	plus-que-parfait
infinito	:	infinitif	**passato remoto**	:	passé simple
participio	:	participe	**trapassato remoto**	:	passé antérieur
gerundio	:	gérondif	**futuro semplice**	:	futur simple
			futuro anteriore	:	futur antérieur

VERBES MODÈLES

Auxiliaires

1ʳᵉ conjugaison

1	essere	6	amare	11	inviare	16	stare
2	avere	7	cercare	12	studiare	17	agitare
		8	legare	13	giocare	18	immaginare
		9	cominciare	14	andare	19	modificare
		10	mangiare	15	dare		

2ᵉ conjugaison

20	temere	40	cuocere	60	nuocere	80	scendere
21	accendere	41	dire	61	parere	81	scindere
22	affiggere	42	dirigere	62	perdere	82	scrivere
23	ardere	43	discutere	63	persuadere	83	scuotere
24	assistere	44	distinguere	64	piacere	84	sedere
25	assolvere	45	distruggere	65	piangere	85	spargere
26	assumere	46	dolersi	66	piovere	86	spegnere
27	bere	47	dovere	67	porgere	87	stringere
28	cadere	48	emergere	68	porre	88	svellere
29	chiedere	49	espandere	69	potere	89	tenere
30	chiudere	50	espellere	70	prendere	90	torcere
31	cingere	51	esplodere	71	radere	91	trarre
32	cogliere	52	fare	72	redigere	92	valere
33	compiere	53	flettere	73	redimere	93	vedere
34	comprimere	54	fondere	74	ridere	94	vincere
35	concedere	55	giungere	75	rimanere	95	vivere
36	condurre	56	leggere	76	rispondere	96	volere
37	conoscere	57	mettere	77	rompere	97	volgere
38	correre	58	muovere	78	sapere	98a	solere
39	crescere	59	nascere	79	scegliere	98b	suggere

3ᵉ conjugaison

99	sentire	103	cucire	107	seguire	111a	ardire
100	finire	104	fuggire	108	udire	111b	atterrire
101	apparire	105	morire	109	uscire	112a	marcire
102	aprire	106	salire	110	venire	112b	sparire

indicativo presente		passato prossimo	
io sono		io sono	stato
tu sei		tu sei	stato
egli è		egli è	stato
noi siamo		noi siamo	stati
voi siete		voi siete	stati
essi sono		essi sono	stati

congiuntivo presente		congiuntivo passato	
io sia		io sia	stato
tu sia		tu sia	stato
egli sia		egli sia	stato
noi siamo		noi siamo	stati
voi siate		voi siate	stati
essi siano		essi siano	stati

indicativo imperfetto		trapassato prossimo	
io ero		io ero	stato
tu eri		tu eri	stato
egli era		egli era	stato
noi eravamo		noi eravamo	stati
voi eravate		voi eravate	stati
essi erano		essi erano	stati

congiuntivo imperfetto		congiuntivo trapassato	
io fossi		io fossi	stato
tu fossi		tu fossi	stato
egli fosse		egli fosse	stato
noi fossimo		noi fossimo	stati
voi foste		voi foste	stati
essi fossero		essi fossero	stati

passato remoto		trapassato remoto	
io fui		io fui	stato
tu fosti		tu fosti	stato
egli fu		egli fu	stato
noi fummo		noi fummo	stati
voi foste		voi foste	stati
essi furono		essi furono	stati

condizionale presente		condizionale passato	
io sarei		io sarei	stato
tu saresti		tu saresti	stato
egli sarebbe		egli sarebbe	stato
noi saremmo		noi saremmo	stati
voi sareste		voi sareste	stati
essi sarebbero		essi sarebbero	stati

futuro semplice		futuro anteriore	
io sarò		io sarò	stato
tu sarai		tu sarai	stato
egli sarà		egli sarà	stato
noi saremo		noi saremo	stati
voi sarete		voi sarete	stati
essi saranno		essi saranno	stati

imperativo presente	
sii	(tu)
sia	(Lei)
siamo	(noi)
siate	(voi)
siano	(Loro)

gerundio presente

essendo

gerundio passato

essendo stato

infinito presente	infinito passato
essere	essere stato

participio presente[1]

participio passato

stato, stati[2]
stata, state

Essere sert d'auxiliaire à tous les verbes intransitifs sauf ceux qui sont suivis de ♦, à tous les verbes pronominaux ou réfléchis, à tous les verbes impersonnels sauf exception.
Le verbe riesserre se conjugue comme **essere** mais à la 3ᵉ personne du singulier du passé simple, il prend un accent : *egli rifù.*

1) Ente (enti) s'emploie uniquement comme substantif : *un ente statale. Dio è l'ente supremo.*
2) Forme empruntée au verbe **stare**.

indicativo presente	passato prossimo	congiuntivo presente	congiuntivo passato
io ho[1]	io ho[1] avuto	io abbia	io abbia avuto
tu hai[1]	tu hai[1] avuto	tu abbia	tu abbia avuto
egli ha[1]	egli ha[1] avuto	egli abbia	egli abbia avuto
noi abbiamo	noi abbiamo avuto	noi abbiamo	noi abbiamo avuto
voi avete	voi avete avuto	voi abbiate	voi abbiate avuto
essi hanno[1]	essi hanno[1] avuto	essi abbiano	essi abbiano avuto

indicativo imperfetto	trapassato prossimo	congiuntivo imperfetto	congiuntivo trapassato
io avevo	io avevo avuto	io avessi	io avessi avuto
tu avevi	tu avevi avuto	tu avessi	tu avessi avuto
egli aveva	egli aveva avuto	egli avesse	egli avesse avuto
noi avevamo	noi avevamo avuto	noi avessimo	noi avessimo avuto
voi avevate	voi avevate avuto	voi aveste	voi aveste avuto
essi avevano	essi avevano avuto	essi avessero	essi avessero avuto

passato remoto	trapassato remoto	condizionale presente	condizionale passato
io ebbi	io ebbi avuto	io avrei	io avrei avuto
tu avesti	tu avesti avuto	tu avresti	tu avresti avuto
egli ebbe	egli ebbe avuto	egli avrebbe	egli avrebbe avuto
noi avemmo	noi avemmo avuto	noi avremmo	noi avremmo avuto
voi aveste	voi aveste avuto	voi avreste	voi avreste avuto
essi ebbero	essi ebbero avuto	essi avrebbero	essi avrebbero avuto

futuro semplice	futuro anteriore	imperativo presente	gerundio presente
io avrò	io avrò avuto		avendo
tu avrai	tu avrai avuto	abbi (tu)	
egli avrà	egli avrà avuto	abbia (Lei)	gerundio passato
noi avremo	noi avremo avuto	abbiamo (noi)	avendo avuto
voi avrete	voi avrete avuto	abbiate (voi)	
essi avranno	essi avranno avuto	abbiano (Loro)	

infinito presente	infinito passato	participio presente	participio passato
avere	avere avuto	avente, aventi[2]	avuto, avuti
			avuta, avute

Avere sert d'auxiliaire à tous les verbes transitifs, aux verbes intransitifs suivis de ♦.
Riavere se conjugue comme **avere** sauf aux 3 personnes du singulier et à la 3e du pluriel de l'indicatif
présent : *io riò, tu riai, egli rià, essi rianno*.

1) Les trois premières personnes du singulier et la 3e du pluriel de l'indicatif présent prennent un **h** pour
distinguer ces formes de **o** (conjonction, interjection ou voyelle), **ai** (préposition contractée), **a** (préposition)
et **anno** (substantif). Plutôt rares les formes avec accent sans le **h** : *io ò, tu ài, egli à, essi ànno*.
2) **Abbiente / i** s'emploie uniquement comme adjectif ou substantif : *gli abbienti, le classi abbienti... : les riches.*

3 ESSERE AMATO/ÊTRE AIMÉ ▶ verbes passifs

indicativo presente

io	sono	amato
tu	sei	amato
egli	è	amato
noi	siamo	amati
voi	siete	amati
essi	sono	amati

passato prossimo

io	sono	stato	amato
tu	sei	stato	amato
egli	è	stato	amato
noi	siamo	stati	amati
voi	siete	stati	amati
essi	sono	stati	amati

futuro semplice

io	sarò	amato
tu	sarai	amato
egli	sarà	amato
noi	saremo	amati
voi	sarete	amati
essi	saranno	amati

indicativo imperfetto

io	ero	amato
tu	eri	amato
egli	era	amato
noi	eravamo	amati
voi	eravate	amati
essi	erano	amati

trapassato prossimo

io	ero	stato	amato
tu	eri	stato	amato
egli	era	stato	amato
noi	eravamo	stati	amati
voi	eravate	stati	amati
essi	erano	stati	amati

futuro anteriore

io	sarò	stato	amato
tu	sarai	stato	amato
egli	sarà	stato	amato
noi	saremo	stati	amati
voi	sarete	stati	amati
essi	saranno	stati	amati

passato remoto

io	fui	amato
tu	fosti	amato
egli	fu	amato
noi	fummo	amati
voi	foste	amati
essi	furono	amati

trapassato remoto

io	fui	stato	amato
tu	fosti	stato	amato
egli	fu	stato	amato
noi	fummo	stati	amati
voi	foste	stati	amati
essi	furono	stati	amati

infinito presente

essere amato

infinito passato

essere stato amato

On peut aussi former le passif avec :
– le verbe **venire**, aux temps simples, qui dans ce cas remplace essere :
  É amato dai genitori/Viene amato dai genitori.
– le verbe **andare** :
  a. en remplacement du verbe dovere associé à une forme passive :
  Le lettere devono essere inviate/Le lettere vanno inviate.
  b. lorsqu'il est auxiliaire de verbes comme **disperdere, perdere, smarrire, sprecare** :
  La lettera andò perduta. (Voir Grammaire pages 18-19).

congiuntivo presente	congiuntivo imperfetto	condizionale presente
io sia amato	io fossi amato	io sarei amato
tu sia amato	tu fossi amato	tu saresti amato
egli sia amato	egli fosse amato	egli sarebbe amato
noi siamo amati	voi fossimo amati	noi saremmo amati
voi siate amati	voi foste amati	voi sareste amati
essi siano amati	essi fossero amati	essi sarebbero amati

congiuntivo passato	congiuntivo trapassato	condizionale passato
io sia stato amato	io fossi stato amato	io sarei stato amato
tu sia stato amato	tu fossi stato amato	tu saresti stato amato
egli sia stato amato	egli fosse stato amato	egli sarebbe stato amato
noi siamo stati amati	noi fossimo stati amati	noi saremmo stati amati
voi siate stati amati	voi foste stati amati	voi sareste stati amati
essi siano stati amati	essi fossero stati amati	essi sarebbero stati amati

imperativo presente	gerundio presente	participio presente
	essendo amato	—

sii amato (tu)
sia amato (Lei)
siamo amati (noi)
siate amati (voi)
siano amati (Loro)

gerundio passato

essendo stato amato

participio passato

stato amato, stati amati
stata amata, state amate

– les verbes **finire, restare, rimanere** aux temps simples (avec une nuance de conclusion d'un processus inéluctable) :
La valle rimase sommersa dall'acqua.
– le pronom personnel complément **si** et la **3ᵉ personne** du **singulier** et du **pluriel** de la **forme active** :
In Italia si leggono molti rotocalchi.

indicativo presente	passato prossimo			congiuntivo presente	congiuntivo passato		
io mi lavo	io mi sono	lavato		io mi lavi	io mi sia	lavato
tu ti lavi	tu ti sei	lavato		tu ti lavi	tu ti sia	lavato
egli si lava	egli si è	lavato		egli si lavi	egli si sia	lavato
noi ci laviamo	noi ci siamo	lavati		noi ci laviamo	noi ci siamo	lavati
voi vi lavate	voi vi siete	lavati		voi vi laviate	voi vi siate	lavati
essi si lavano	essi si sono	lavati		essi si lavino	essi si siano	lavati

indicativo imperfetto	trapassato prossimo			congiuntivo imperfetto	congiuntivo trapassato		
io mi lavavo	io mi ero	lavato		io mi lavassi	io mi fossi	lavato
tu ti lavavi	tu ti eri	lavato		tu ti lavassi	tu ti fossi	lavato
egli si lavava	egli si era	lavato		egli si lavasse	egli si fosse	lavato
noi ci lavavamo	noi ci eravamo	lavati		noi ci lavassimo	noi ci fossimo	lavati
voi vi lavavate	voi vi eravate	lavati		voi vi lavaste	voi vi foste	lavati
essi si lavavano	essi si erano	lavati		essi si lavassero	essi si fossero	lavati

passato remoto	trapassato remoto			condizionale presente	condizionale passato		
io mi lavai	io mi fui	lavato		io mi laverei	io mi sarei	lavato
tu ti lavasti	tu ti fosti	lavato		tu ti laveresti	tu ti saresti	lavato
egli si lavò	egli si fu	lavato		egli si laverebbe	egli si sarebbe	lavato
noi ci lavammo	noi ci fummo	lavati		noi ci laveremmo	noi ci saremmo	lavati
voi vi lavaste	voi vi foste	lavati		voi vi lavereste	voi vi sareste	lavati
essi si lavarono	essi si furono	lavati		essi si laverebbero	essi si sarebbero	lavati

futuro semplice	futuro anteriore			imperativo presente	gerundio presente
io mi laverò	io mi sarò	lavato			lavandosi
tu ti laverai	tu ti sarai	lavato		lavati (tu)	
egli si laverà	egli si sarà	lavato		si lavi (Lei)	
noi ci laveremo	noi ci saremo	lavati		laviamoci (noi)	gerundio passato
voi vi laverete	voi vi sarete	lavati		lavatevi (voi)	essendosi lavato
essi si laveranno	essi si saranno	lavati		si lavino (Loro)	

infinito presente	infinito passato	congiuntivo	participio presente	participio passato
lavarsi	essersi lavato		lavantesi, lavantisi	lavatosi, lavatisi
				lavatasi, lavatesi

Les verbes réfléchis et pronominaux se conjuguent avec l'auxiliaire **essere**.
Le participe passé de ces verbes s'accorde généralement avec le sujet : *Giovanni si è alzato/Paola si è alzata/Giovanni e Paola si sono alzati*.
Cependant, dans le cas des verbes réfléchis avec un complément d'objet direct autre que la particule pronominale l'accord est possible soit avec le sujet soit avec le complément d'objet, mais le premier est préféré : *Maria si è lavata le mani* ou *Maria si è lavate le mani*. (Voir Grammaire pages 7, 19-21).

1re	2^e	3^e	
-are	-ere	-ire	-ire (-isc)

indicativo presente			
o	o	o	isco
i	i	i	isci
a	e	e	isce
iamo	iamo	iamo	
ate	ete	ite	
ano	ono	ono	iscono

indicativo imperfetto			
avo	evo	ivo	
avi	evi	ivi	
ava	eva	iva	
avamo	evamo	ivamo	
avate	evate	ivate	
avano	evano	ivano	

indicativo passato remoto			
ai	ei	ii	
asti	esti	isti	
ò	é	ì	
ammo	emmo	immo	
aste	este	iste	
arono	erono	irono	

indicativo futuro semplice			
erò	erò	irò	
erai	erai	irai	
erà	erà	irà	
eremo	eremo	iremo	
erete	erete	irete	
eranno	eranno	iranno	

infinito presente		
are	ere	ire

participio presente		
ante/i	ente/i	ente/i

1re	2^e	3^e	
-are	-ere	-ire	-ire (-isc)

congiuntivo presente			
i	a	a	isca
i	a	a	isca
i	a	a	isca
iamo	iamo	iamo	
iate	iate	iate	
ino	ano	ano	iscano

congiuntivo imperfetto			
assi	essi	issi	
assi	essi	issi	
asse	esse	isse	
assimo	essimo	issimo	
aste	este	iste	
assero	essero	issero	

condizionale presente			
erei	erei	irei	
eresti	eresti	iresti	
erebbe	erebbe	irebbe	
eremmo	eremmo	iremmo	
ereste	ereste	ireste	
erebbero	erebbero	irebbero	

imperativo presente			
a	i	i	isci
i	a	a	isca
iamo	iamo	iamo	
ate	ete	ite	
ino	ano	ano	iscano

gerundio		
ando	endo	endo

participio passato		
ato/i	uto/i	ito/i
ata/e	uta/e	ita/e

indicativo presente	passato prossimo		congiuntivo presente	congiuntivo passato	
io amo	io ho	amato	io ami	io abbia	amato
tu ami	tu hai	amato	tu ami	tu abbia	amato
egli ama	egli ha	amato	egli ami	egli abbia	amato
noi amiamo	noi abbiamo	amato	noi amiamo	noi abbiamo	amato
voi amate	voi avete	amato	voi amiate	voi abbiate	amato
essi amano	essi hanno	amato	essi amino	essi abbiano	amato

indicativo imperfetto	trapassato prossimo		congiuntivo imperfetto	congiuntivo trapassato	
io amavo	io avevo	amato	io amassi	io avessi	amato
tu amavi	tu avevi	amato	tu amassi	tu avessi	amato
egli amava	egli aveva	amato	egli amasse	egli avesse	amato
noi amavamo	noi avevamo	amato	noi amassimo	noi avessimo	amato
voi amavate	voi avevate	amato	voi amaste	voi aveste	amato
essi amavano	essi avevano	amato	essi amassero	essi avessero	amato

passato remoto	trapassato remoto		condizionale presente	condizionale passato	
io amai	io ebbi	amato	io amerei	io avrei	amato
tu amasti	tu avesti	amato	tu ameresti	tu avresti	amato
egli amò	egli ebbe	amato	egli amerebbe	egli avrebbe	amato
noi amammo	noi avemmo	amato	noi ameremmo	noi avremmo	amato
voi amaste	voi aveste	amato	voi amereste	voi avreste	amato
essi amarono	essi ebbero	amato	essi amerebbero	essi avrebbero	amato

futuro semplice	futuro anteriore		imperativo presente	gerundio presente	
io amerò	io avrò	amato		amando	
tu amerai	tu avrai	amato	ama (tu)		
egli amerà	egli avrà	amato	ami (Lei)		
noi ameremo	noi avremo	amato	amiamo (noi)	gerundio passato	
voi amerete	voi avrete	amato	amate (voi)		
essi ameranno	essi avranno	amato	amino (Loro)	avendo amato	

infinito presente	infinito passato		participio presente	participio passato	
amare	aver amato		amante, amanti	amato, amati	
				amata, amate	

Les verbes qui se terminent en -gnare comme bagnare, insegnare, sognare ont deux formes orthographiques possibles avec ou sans -i- aux 1re et 2e personnes du pluriel de l'indicatif et du subjonctif présent : *noi bagniamo/bagnamo, voi bagniate/bagnate*. La première forme est plus littéraire.

indicativo presente	passato prossimo		congiuntivo presente	congiuntivo passato	
io cerco	io ho	cercato	io cerchi	io abbia	cercato
tu cerchi	tu hai	cercato	tu cerchi	tu abbia	cercato
egli cerca	egli ha	cercato	egli cerchi	egli abbia	cercato
noi cerchiamo	noi abbiamo	cercato	noi cerchiamo	noi abbiamo	cercato
voi cercate	voi avete	cercato	voi cerchiate	voi abbiate	cercato
essi cercano	essi hanno	cercato	essi cerchino	essi abbiano	cercato

indicativo imperfetto	trapassato prossimo		congiuntivo imperfetto	congiuntivo trapassato	
io cercavo	io avevo	cercato	io cercassi	io avessi	cercato
tu cercavi	tu avevi	cercato	tu cercassi	tu avessi	cercato
egli cercava	egli aveva	cercato	egli cercasse	egli avesse	cercato
noi cercavamo	noi avevamo	cercato	noi cercassimo	noi avessimo	cercato
voi cercavate	voi avevate	cercato	voi cercaste	voi aveste	cercato
essi cercavano	essi avevano	cercato	essi cercassero	essi avessero	cercato

passato remoto	trapassato remoto		condizionale presente	condizionale passato	
io cercai	io ebbi	cercato	io cercherei	io avrei	cercato
tu cercasti	tu avesti	cercato	tu cercheresti	tu avresti	cercato
egli cercò	egli ebbe	cercato	egli cercherebbe	egli avrebbe	cercato
noi cercammo	noi avemmo	cercato	noi cercheremmo	noi avremmo	cercato
voi cercaste	voi aveste	cercato	voi cerchereste	voi avreste	cercato
essi cercarono	essi ebbero	cercato	essi cercherebbero	essi avrebbero	cercato

futuro semplice	futuro anteriore		imperativo presente	gerundio presente
io cercherò	io avrò	cercato		cercando
tu cercherai	tu avrai	cercato	cerca (tu)	
egli cercherà	egli avrà	cercato	cerchi (Lei)	
noi cercheremo	noi avremo	cercato	cerchiamo (noi)	gerundio passato
voi cercherete	voi avrete	cercato	cercate (voi)	avendo cercato
essi cercheranno	essi avranno	cercato	cerchino (Loro)	

infinito presente	infinito passato	participio presente	participio passato
cercare	aver cercato	cercante, cercanti	cercato, cercati
			cercata, cercate

Les verbes qui se terminent en -ficare se conjuguent de la même manière, mais l'accent tonique est déplacé (voir tableau 19).
Ainsi se conjuguent accecare et cecare mais aux trois premières personnes du singulier et à la 3e du pluriel du présent de l'indicatif, du subjonctif et à l'impératif, un -i- vient s'intercaler : io accieco...

indicativo presente	passato prossimo		congiuntivo presente	congiuntivo passato	
io lego	io ho	legato	io leghi	io abbia	legato
tu leghi	tu hai	legato	tu leghi	tu abbia	legato
egli lega	egli ha	legato	egli leghi	egli abbia	legato
noi leghiamo	noi abbiamo	legato	noi leghiamo	noi abbiamo	legato
voi legate	voi avete	legato	voi leghiate	voi abbiate	legato
essi legano	essi hanno	legato	essi leghino	essi abbiano	legato

indicativo imperfetto	trapassato prossimo		congiuntivo imperfetto	congiuntivo trapassato	
io legavo	io avevo	legato	io legassi	io avessi	legato
tu legavi	tu avevi	legato	tu legassi	tu avessi	legato
egli legava	egli aveva	legato	egli legasse	egli avesse	legato
noi legavamo	noi avevamo	legato	noi legassimo	noi avessimo	legato
voi legavate	voi avevate	legato	voi legaste	voi aveste	legato
essi legavano	essi avevano	legato	essi legassero	essi avessero	legato

passato remoto	trapassato remoto		condizionale presente	condizionale passato	
io legai	io ebbi	legato	io legherei	io avrei	legato
tu legasti	tu avesti	legato	tu legheresti	tu avresti	legato
egli legò	egli ebbe	legato	egli legherebbe	egli avrebbe	legato
noi legammo	noi avemmo	legato	noi legheremmo	noi avremmo	legato
voi legaste	voi aveste	legato	voi leghereste	voi avreste	legato
essi legarono	essi ebbero	legato	essi legherebbero	essi avrebbero	legato

futuro semplice	futuro anteriore		imperativo presente	gerundio presente
io legherò	io avrò	legato		legando
tu legherai	tu avrai	legato	lega (tu)	
egli legherà	egli avrà	legato	leghi (Lei)	
noi legheremo	noi avremo	legato	leghiamo (noi)	**gerundio passato**
voi legherete	voi avrete	legato	legate (voi)	avendo legato
essi legheranno	essi avranno	legato	leghino (Loro)	

infinito presente	infinito passato	participio presente	participio passato
legare	aver legato	legante, leganti	legato, legati
			legata, legate

indicativo presente	passato prossimo		congiuntivo presente	congiuntivo passato	
io comincio	io ho cominciato		io cominci	io abbia cominciato	
tu cominci	tu hai cominciato		tu cominci	tu abbia cominciato	
egli comincia	egli ha cominciato		egli cominci	egli abbia cominciato	
noi cominciamo	noi abbiamo cominciato		noi cominciamo	noi abbiamo cominciato	
voi cominciate	voi avete cominciato		voi cominciate	voi abbiate cominciato	
essi cominciano	essi hanno cominciato		essi comincino	essi abbiano cominciato	

indicativo imperfetto	trapassato prossimo		congiuntivo imperfetto	congiuntivo trapassato	
io cominciavo	io avevo cominciato		io cominciassi	io avessi cominciato	
tu cominciavi	tu avevi cominciato		tu cominciassi	tu avessi cominciato	
egli cominciava	egli aveva cominciato		egli cominciasse	egli avesse cominciato	
noi cominciavamo	noi avevamo cominciato		noi cominciassimo	noi avessimo cominciato	
voi cominciavate	voi avevate cominciato		voi cominciaste	voi aveste cominciato	
essi cominciavano	essi avevano cominciato		essi cominciassero	essi avessero cominciato	

passato remoto	trapassato remoto		condizionale presente	condizionale passato	
io cominciai	io ebbi cominciato		io comincerei	io avrei cominciato	
tu cominciasti	tu avesti cominciato		tu cominceresti	tu avresti cominciato	
egli cominciò	egli ebbe cominciato		egli comincerebbe	egli avrebbe cominciato	
noi cominciammo	noi avemmo cominciato		noi cominceremmo	noi avremmo cominciato	
voi cominciaste	voi aveste cominciato		voi comincereste	voi avreste cominciato	
essi cominciarono	essi ebbero cominciato		essi comincerebbero	essi avrebbero cominciato	

futuro semplice	futuro anteriore		imperativo presente	gerundio presente	
io comincerò	io avrò cominciato			cominciando	
tu comincerai	tu avrai cominciato		comincia (tu)		
egli comincerà	egli avrà cominciato		cominci (Lei)		
noi cominceremo	noi avremo cominciato		cominciamo (noi)	gerundio passato	
voi comincerete	voi avrete cominciato		cominciate (voi)	avendo cominciato	
essi cominceranno	essi avranno cominciato		comincino (Loro)		

infinito presente	infinito passato		participio presente	participio passato	
cominciare	aver cominciato		cominciante, comincianti	cominciato, cominciati cominciata, cominciate	

Ainsi se conjugue associare sauf au futur et au conditionnel où il garde le **-i-** du radical : *io associerò, io associerei.*

indicativo presente	passato prossimo		congiuntivo presente	congiuntivo passato	
io mangio	io ho mangiato		io mangi	io abbia mangiato	
tu mangi	tu hai mangiato		tu mangi	tu abbia mangiato	
egli mangia	egli ha mangiato		egli mangi	egli abbia mangiato	
noi mangiamo	noi abbiamo mangiato		noi mangiamo	noi abbiamo mangiato	
voi mangiate	voi avete mangiato		voi mangiate	voi abbiate mangiato	
essi mangiano	essi hanno mangiato		essi mangino	essi abbiano mangiato	

indicativo imperfetto	trapassato prossimo		congiuntivo imperfetto	congiuntivo trapassato	
io mangiavo	io avevo mangiato		io mangiassi	io avessi mangiato	
tu mangiavi	tu avevi mangiato		tu mangiassi	tu avessi mangiato	
egli mangiava	egli aveva mangiato		egli mangiasse	egli avesse mangiato	
noi mangiavamo	noi avevamo mangiato		noi mangiassimo	noi avessimo mangiato	
voi mangiavate	voi avevate mangiato		voi mangiaste	voi aveste mangiato	
essi mangiavano	essi avevano mangiato		essi mangiassero	essi avessero mangiato	

passato remoto	trapassato remoto		condizionale presente	condizionale passato	
io mangiai	io ebbi mangiato		io mangerei	io avrei mangiato	
tu mangiasti	tu avesti mangiato		tu mangeresti	tu avresti mangiato	
egli mangiò	egli ebbe mangiato		egli mangerebbe	egli avrebbe mangiato	
noi mangiammo	noi avemmo mangiato		noi mangeremmo	noi avremmo mangiato	
voi mangiaste	voi aveste mangiato		voi mangereste	voi avreste mangiato	
essi mangiarono	essi ebbero mangiato		essi mangerebbero	essi avrebbero mangiato	

futuro semplice	futuro anteriore		imperativo presente	gerundio presente
io mangerò	io avrò mangiato			mangiando
tu mangerai	tu avrai mangiato		mangia (tu)	
egli mangerà	egli avrà mangiato		mangi (Lei)	
noi mangeremo	noi avremo mangiato		mangiamo (noi)	gerundio passato
voi mangerete	voi avrete mangiato		mangiate (voi)	avendo mangiato
essi mangeranno	essi avranno mangiato		mangino (Loro)	

infinito presente	infinito passato		participio presente	participio passato
mangiare	aver mangiato		mangiante, mangianti	mangiato, mangiati
				mangiata, mangiate

Ainsi se conjugue effigiare sauf au futur et au conditionnel où il garde le **-i-** du radical : *io effigierò, io effigierei.*

indicativo presente	passato prossimo		congiuntivo presente	congiuntivo passato	
io invio	io ho inviato		io invii	io abbia inviato	
tu invii	tu hai inviato		tu invii	tu abbia inviato	
egli invia	egli ha inviato		egli invii	egli abbia inviato	
noi inviamo	noi abbiamo inviato		noi inviamo	noi abbiamo inviato	
voi inviate	voi avete inviato		voi inviate	voi abbiate inviato	
essi inviano	essi hanno inviato		essi inviino	essi abbiano inviato	

indicativo imperfetto	trapassato prossimo		congiuntivo imperfetto	congiuntivo trapassato	
io inviavo	io avevo inviato		io inviassi	io avessi inviato	
tu inviavi	tu avevi inviato		tu inviassi	tu avessi inviato	
egli inviava	egli aveva inviato		egli inviasse	egli avesse inviato	
noi inviavamo	noi avevamo inviato		noi inviassimo	noi avessimo inviato	
voi inviavate	voi avevate inviato		voi inviaste	voi aveste inviato	
essi inviavano	essi avevano inviato		essi inviassero	essi avessero inviato	

passato remoto	trapassato remoto		condizionale presente	condizionale passato	
io inviai	io ebbi inviato		io invierei	io avrei inviato	
tu inviasti	tu avesti inviato		tu invieresti	tu avresti inviato	
egli inviò	egli ebbe inviato		egli invierebbe	egli avrebbe inviato	
noi inviammo	noi avemmo inviato		noi invieremmo	noi avremmo inviato	
voi inviaste	voi aveste inviato		voi inviereste	voi avreste inviato	
essi inviarono	essi ebbero inviato		essi invierebbero	essi avrebbero inviato	

futuro semplice	futuro anteriore		imperativo presente	gerundio presente
io invierò	io avrò inviato			inviando
tu invierai	tu avrai inviato		invia (tu)	
egli invierà	egli avrà inviato		invii (Lei)	
noi invieremo	noi avremo inviato		inviamo (noi)	gerundio passato
voi invierete	voi avrete inviato		inviate (voi)	avendo inviato
essi invieranno	essi avranno inviato		inviino (Loro)	

infinito presente	infinito passato		participio presente	participio passato
inviare	aver inviato		inviante, invianti	inviato, inviati
				inviata, inviate

Ainsi se conjuguent :
– les verbes en -iare qui à la 1re personne du singulier de l'indicatif et du subjonctif présent ont l'accent tonique sur le **-i-** : *spiare, io spio* donc *tu spii, che io/tu/egli spii, che essi spiino;*
– les verbes suivants : *alleviare (tu allevii che io/tu/egli allevii, che essi alleviino); odiare (io/tu/egli odii, che essi odiino); radiare (tu radii, che io/tu/egli radii, che essi radiino); variare (tu varii, che io/tu/egli varii, che essi variino),* pour éviter des confusions possibles avec des formes des verbes allevare *(tu allevi);* udire *(tu odi),* radere *(tu radi),* varare *(tu vari).*

indicativo presente	passato prossimo		congiuntivo presente	congiuntivo passato	
io studio	io ho studiato		io studi	io abbia studiato	
tu studi	tu hai studiato		tu studi	tu abbia studiato	
egli studia	egli ha studiato		egli studi	egli abbia studiato	
noi studiamo	noi abbiamo studiato		noi studiamo	noi abbiamo studiato	
voi studiate	voi avete studiato		voi studiate	voi abbiate studiato	
essi studiano	essi hanno studiato		essi studino	essi abbiano studiato	

indicativo imperfetto	trapassato prossimo		congiuntivo imperfetto	congiuntivo trapassato	
io studiavo	io avevo studiato		io studiassi	io avessi studiato	
tu studiavi	tu avevi studiato		tu studiassi	tu avessi studiato	
egli studiava	egli aveva studiato		egli studiasse	egli avesse studiato	
noi studiavamo	noi avevamo studiato		noi studiassimo	noi avessimo studiato	
voi studiavate	voi avevate studiato		voi studiaste	voi aveste studiato	
essi studiavano	essi avevano studiato		essi studiassero	essi avessero studiato	

passato remoto	trapassato remoto		condizionale presente	condizionale passato	
io studiai	io ebbi studiato		io studierei	io avrei studiato	
tu studiasti	tu avesti studiato		tu studieresti	tu avresti studiato	
egli studiò	egli ebbe studiato		egli studierebbe	egli avrebbe studiato	
noi studiammo	noi avemmo studiato		noi studieremmo	noi avremmo studiato	
voi studiaste	voi aveste studiato		voi studiereste	voi avreste studiato	
essi studiarono	essi ebbero studiato		essi studierebbero	essi avrebbero studiato	

futuro semplice	futuro anteriore		imperativo presente	gerundio presente
io studierò	io avrò studiato			studiando
tu studierai	tu avrai studiato		studia tu	
egli studierà	egli avrà studiato		studi (Lei)	
noi studieremo	noi avremo studiato		studiamo (noi)	gerundio passato
voi studierete	voi avrete studiato		studiate (voi)	avendo studiato
essi studieranno	essi avranno studiato		studino (Loro)	

infinito presente	infinito passato		participio presente	participio passato
studiare	aver studiato		studiante, studianti	studiato, studiati
				studiata, studiate

indicativo presente	passato prossimo		congiuntivo presente	congiuntivo passato	
io gi[u]oco	io ho giocato		io gi[u]ochi	io abbia giocato	
tu gi[u]ochi	tu hai giocato		tu gi[u]ochi	tu abbia giocato	
egli gi[u]oca	egli ha giocato		egli gi[u]ochi	egli abbia giocato	
noi giochiamo	noi abbiamo giocato		noi giochiamo	noi abbiamo giocato	
voi giocate	voi avete giocato		voi giochiate	voi abbiate giocato	
essi gi[u]ocano	essi hanno giocato		essi gi[u]ochino	essi abbiano giocato	

indicativo imperfetto	trapassato prossimo		congiuntivo imperfetto	congiuntivo trapassato	
io giocavo	io avevo giocato		io giocassi	io avessi giocato	
tu giocavi	tu avevi giocato		tu giocassi	tu avessi giocato	
egli giocava	egli aveva giocato		egli giocasse	egli avesse giocato	
noi giocavamo	noi avevamo giocato		noi giocassimo	noi avessimo giocato	
voi giocavate	voi avevate giocato		voi giocaste	voi aveste giocato	
essi giocavano	essi avevano giocato		essi giocassero	essi avessero giocato	

passato remoto	trapassato remoto		condizionale presente	condizionale passato	
io giocai	io ebbi giocato		io giocherei	io avrei giocato	
tu giocasti	tu avesti giocato		tu giocheresti	tu avresti giocato	
egli giocò	egli ebbe giocato		egli giocherebbe	egli avrebbe giocato	
noi giocammo	noi avemmo giocato		noi giocheremmo	noi avremmo giocato	
voi giocaste	voi aveste giocato		voi giochereste	voi avreste giocato	
essi giocarono	essi ebbero giocato		essi giocherebbero	essi avrebbero giocato	

futuro semplice	futuro anteriore		imperativo presente	gerundio presente	
io giocherò	io avrò giocato			giocando	
tu giocherai	tu avrai giocato		gi[u]oca (tu)		
egli giocherà	egli avrà giocato		gi[u]ochi (Lei)		
noi giocheremo	noi avremo giocato		giochiamo (noi)	gerundio passato	
voi giocherete	voi avrete giocato		giocate (voi)		
essi giocheranno	essi avranno giocato		gi[u]ochino (Loro)	avendo giocato	

infinito presente	infinito passato		participio presente	participio passato	
giocare	aver giocato		giocante, giocanti	giocato, giocati	
				giocata, giocate	

La forme avec [u] est considérée comme archaïque pour le verbe giocare, mais elle est préférée pour les verbes suivants : abbonare *(abbuono/i/a/ano, abboniamo/ate)*, dissonare, infocare, rincorare, rinfocare, risolare, risonare, rotare, scoiare, scorare, sfocare, svotare, tonare. (Voir Grammaire pages 29-30).

indicativo presente	passato prossimo		congiuntivo presente	congiuntivo passato	
io vado, vo [1]	io sono	andato	io vada	io sia	andato
tu vai	tu sei	andato	tu vada	tu sia	andato
egli va	egli è	andato	egli vada	egli sia	andato
noi andiamo	noi siamo	andati	noi andiamo	noi siamo	andati
voi andate	voi siete	andati	voi andiate	voi siate	andati
essi vanno	essi sono	andati	essi vadano	essi siano	andati

indicativo imperfetto	trapassato prossimo		congiuntivo imperfetto	congiuntivo trapassato	
io andavo	io ero	andato	io andassi	io fossi	andato
tu andavi	tu eri	andato	tu andassi	tu fossi	andato
egli andava	egli era	andato	egli andasse	egli fosse	andato
noi andavamo	noi eravamo	andati	noi andassimo	noi fossimo	andati
voi andavate	voi eravate	andati	voi andaste	voi foste	andati
essi andavano	essi erano	andati	essi andassero	essi fossero	andati

passato remoto	trapassato remoto		condizionale presente	condizionale passato	
io andai	io fui	andato	io andrei	io sarei	andato
tu andasti	tu fosti	andato	tu andresti	tu saresti	andato
egli andò	egli fu	andato	egli andrebbe	egli sarebbe	andato
noi andammo	noi fummo	andati	noi andremmo	noi saremmo	andati
voi andaste	voi foste	andati	voi andreste	voi sareste	andati
essi andarono	essi furono	andati	essi andrebbero	essi sarebbero	andati

futuro semplice	futuro anteriore		imperativo presente	gerundio presente
io andrò	io sarò	andato		andando
tu andrai	tu sarai	andato	va', vai (tu)	
egli andrà	egli sarà	andato	vada (Lei)	
noi andremo	noi saremo	andati	andiamo (noi)	gerundio passato
voi andrete	voi sarete	andati	andate (voi)	essendo andato
essi andranno	essi saranno	andati	vadano (Loro)	

infinito presente	infinito passato	particip io presente	particip io passato
andare	essere andato	andante, andanti	andato, andati
			andata, andate

■ Ainsi se conjugue riandare sauf à la 3e personne du singulier du présent de l'indicatif : egli rivà.

■ 1) Forme plus rare.

indicativo presente	passato prossimo
io **do**	io ho dato
tu **dai**[1]	tu hai dato
egli **dà**[1]	egli ha dato
noi diamo	noi abbiamo dato
voi date	voi avete dato
essi **danno**	essi hanno dato

indicativo imperfetto	trapassato prossimo
io davo	io avevo dato
tu davi	tu avevi dato
egli dava	egli aveva dato
noi davamo	noi avevamo dato
voi davate	voi avevate dato
essi davano	essi avevano dato

passato remoto	trapassato remoto
io **diedi**, detti[2]	io ebbi dato
tu **desti**	tu avesti dato
egli **diede**, dette[2]	egli ebbe dato
noi **demmo**	noi avemmo dato
voi **deste**	voi aveste dato
essi **diedero**, dettero[2]	essi ebbero dato

futuro semplice	futuro anteriore
io darò	io avrò dato
tu darai	tu avrai dato
egli darà	egli avrà dato
noi daremo	noi avremo dato
voi darete	voi avrete dato
essi daranno	essi avranno dato

infinito presente	infinito passato
dare	aver dato

congiuntivo presente	congiuntivo passato
io **dia**	io abbia dato
tu **dia**	tu abbia dato
egli **dia**	egli abbia dato
noi diamo	noi abbiamo dato
voi diate	voi abbiate dato
essi **diano**	essi abbiano dato

congiuntivo imperfetto	congiuntivo trapassato
io **dessi**	io avessi dato
tu **dessi**	tu avessi dato
egli **desse**	egli avesse dato
noi **dessimo**	noi avessimo dato
voi **deste**	voi aveste dato
essi **dessero**	essi avessero dato

condizionale presente	condizionale passato
io darei	io avrei dato
tu daresti	tu avresti dato
egli darebbe	egli avrebbe dato
noi daremmo	noi avremmo dato
voi dareste	voi avreste dato
essi darebbero	essi avrebbero dato

imperativo presente	gerundio presente
	dando
da',dai (tu)	
dia (Lei)	
diamo (noi)	gerundio passato
date (voi)	avendo dato
diano (Loro)	

participio presente	participio passato
dante[3]	dato, dati
	data, date

Ainsi se conjugue **ridare** sauf aux formes suivantes de l'indicatif présent : *io ridò* et du subjonctif imparfait : *io ridassi, tu ridassi, egli ridasse, noi ridassimo, voi ridaste, essi ridassero*, pour éviter toute confusion avec les mêmes formes du verbe **ridere**.

1) Avec accent pour le différencier de la préposition **da**.
2) *Detti, dette, dettero*, sont des formes rares.
3) Forme rare du participe présent.

indicativo presente	passato prossimo
io sto[1]	io sono stato
tu stai	tu sei stato
egli sta[1]	egli è stato
noi stiamo	noi siamo stati
voi state	voi siete stati
essi stanno	essi sono stati

indicativo imperfetto	trapassato prossimo
io stavo	io ero stato
tu stavi	tu eri stato
egli stava	egli era stato
noi stavamo	noi eravamo stati
voi stavate	voi eravate stati
essi stavano	essi erano stati

passato remoto	trapassato remoto
io stetti	io fui stato
tu stesti	tu fosti stato
egli stette	egli fu stato
noi stemmo	noi fummo stati
voi steste	voi foste stati
essi stettero	essi furono stati

futuro semplice	futuro anteriore
io starò	io sarò stato
tu starai	tu sarai stato
egli starà	egli sarà stato
noi staremo	noi saremo stati
voi starete	voi sarete stati
essi staranno	essi saranno stati

infinito presente	infinito passato
stare	essere stato

congiuntivo presente	congiuntivo passato
io stia	io sia stato
tu stia	tu sia stato
egli stia	egli sia stato
noi stiamo	noi siamo stati
voi stiate	voi siate stati
essi stiano	essi siano stati

congiuntivo imperfetto	congiuntivo trapassato
io stessi	io fossi stato
tu stessi	tu fossi stato
egli stesse	egli fosse stato
noi stessimo	noi fossimo stati
voi steste	voi foste stati
essi stessero	essi fossero stati

condizionale presente	condizionale passato
io starei	io sarei stato
tu staresti	tu saresti stato
egli starebbe	egli sarebbe stato
noi staremmo	noi saremmo stati
voi stareste	voi sareste stati
essi starebbero	essi sarebbero stati

imperativo presente	gerundio presente
	stando
sta',stai (tu)	
stia (Lei)	
stiamo (noi)	gerundio passato
state (voi)	essendo stato
stiano (Loro)	

participio presente	participio passato
stante	stato, stati
	stata, state[2]

Ainsi se conjuguent ristare, soprastare, sottostare ; mais aux 1re et 3e personnes du singulier du présent de l'indicatif, ces verbes prennent un accent : *io ristò/soprastò/sottostò, egli ristà/soprastà/sottostà*.
Se conjuguent sur amare (modèle 6) : distare, présent : *io disto, tu disti... essi distano* ; pas de participe passé ; instare, présent : *io insto, tu insti... essi instano* ; pas de participe passé ; istare, présent : *io isto, tu isti... essi istano* ; pas de participe passé.

1) Pas d'accent sur **sto** et **sta**, de même que sur **fo** et **fa** (fare), car il n'y a pas d'homophones avec lesquels on pourrait les confondre.
2) C'est aussi le participe passé du verbe **essere**.

indicativo presente		passato prossimo			congiuntivo presente		congiuntivo passato		
io	agito	io	ho	agitato	io	agiti	io	abbia	agitato
tu	agiti	tu	hai	agitato	tu	agiti	tu	abbia	agitato
egli	agita	egli	ha	agitato	egli	agiti	egli	abbia	agitato
noi	agitiamo	noi	abbiamo	agitato	noi	agitiamo	noi	abbiamo	agitato
voi	agitate	voi	avete	agitato	voi	agitiate	voi	abbiate	agitato
essi	agitano	essi	hanno	agitato	essi	agitino	essi	abbiano	agitato

indicativo imperfetto		trapassato prossimo			congiuntivo imperfetto		congiuntivo trapassato		
io	agitavo	io	avevo	agitato	io	agitassi	io	avessi	agitato
tu	agitavi	tu	avevi	agitato	tu	agitassi	tu	avessi	agitato
egli	agitava	egli	aveva	agitato	egli	agitasse	egli	avesse	agitato
noi	agitavamo	noi	avevamo	agitato	noi	agitassimo	noi	avessimo	agitato
voi	agitavate	voi	avevate	agitato	voi	agitaste	voi	aveste	agitato
essi	agitavano	essi	avevano	agitato	essi	agitassero	essi	avessero	agitato

passato remoto		trapassato remoto			condizionale presente		condizionale passato		
io	agitai	io	ebbi	agitato	io	agiterei	io	avrei	agitato
tu	agitasti	tu	avesti	agitato	tu	agiteresti	tu	avresti	agitato
egli	agitò	egli	ebbe	agitato	egli	agiterebbe	egli	avrebbe	agitato
noi	agitammo	noi	avemmo	agitato	noi	agiteremmo	noi	avremmo	agitato
voi	agitaste	voi	aveste	agitato	voi	agitereste	voi	avreste	agitato
essi	agitarono	essi	ebbero	agitato	essi	agiterebbero	essi	avrebbero	agitato

futuro semplice		futuro anteriore			imperativo presente		gerundio presente	
io	agiterò	io	avrò	agitato			agitando	
tu	agiterai	tu	avrai	agitato	agita	(tu)		
egli	agiterà	egli	avrà	agitato	agiti	(Lei)		
noi	agiteremo	noi	avremo	agitato	agitiamo	(noi)	gerundio passato	
voi	agiterete	voi	avrete	agitato	agitate	(voi)	avendo agitato	
essi	agiteranno	essi	avranno	agitato	agitino	(Loro)		

infinito presente	infinito passato		participio presente	participio passato
agitare	aver agitato		agitante, agitanti	agitato, agitati
				agitata, agitate

Agitare et les verbes qui se conjuguent sur ce modèle portent l'accent tonique sur la première syllabe, aux 1re, 2e, 3e personnes du singulier et à la 3e personne du pluriel de l'indicatif présent et du subjonctif présent et à la 2e personne du singulier de l'impératif. (Voir Grammaire pages 11-13.)

18 IMMAGINARE/IMAGINER

indicativo presente	passato prossimo		congiuntivo presente	congiuntivo passato	
io immagino	io ho	immaginato	io immagini	io abbia	immaginato
tu immagini	tu hai	immaginato	tu immagini	tu abbia	immaginato
egli immagina	egli ha	immaginato	egli immagini	egli abbia	immaginato
noi immaginiamo	noi abbiamo	immaginato	noi immaginiamo	noi abbiamo	immaginato
voi immaginate	voi avete	immaginato	voi immaginiate	voi abbiate	immaginato
essi immaginano	essi hanno	immaginato	essi immaginino	essi abbiano	immaginato

indicativo imperfetto	trapassato prossimo		congiuntivo imperfetto	congiuntivo trapassato	
io immaginavo	io avevo	immaginato	io immaginassi	io avessi	immaginato
tu immaginavi	tu avevi	immaginato	tu immaginassi	tu avessi	immaginato
egli immaginava	egli aveva	immaginato	egli immaginasse	egli avesse	immaginato
noi immaginavamo	noi avevamo	immaginato	noi immaginassimo	noi avessimo	immaginato
voi immaginavate	voi avevate	immaginato	voi immaginaste	voi aveste	immaginato
essi immaginavano	essi avevano	immaginato	essi immaginassero	essi avessero	immaginato

passato remoto	trapassato remoto		condizionale presente	condizionale passato	
io immaginai	io ebbi	immaginato	io immaginerei	io avrei	immaginato
tu immaginasti	tu avesti	immaginato	tu immagineresti	tu avresti	immaginato
egli immaginò	egli ebbe	immaginato	egli immaginerebbe	egli avrebbe	immaginato
noi immaginammo	noi avemmo	immaginato	noi immagineremmo	noi avremmo	immaginato
voi immaginaste	voi aveste	immaginato	voi immaginereste	voi avreste	immaginato
essi immaginarono	essi ebbero	immaginato	essi immaginerebbero	essi avrebbero	immaginato

futuro semplice	futuro anteriore		imperativo presente	gerundio presente
io immaginerò	io avrò	immaginato		immaginando
tu immaginerai	tu avrai	immaginato	immagina (tu)	
egli immaginerà	egli avrà	immaginato	immagini (Lei)	
noi immagineremo	noi avremo	immaginato	immaginiamo (noi)	**gerundio passato**
voi immaginerete	voi avrete	immaginato	immaginate (voi)	avendo immaginato
essi immagineranno	essi avranno	immaginato	immaginino (Loro)	

infinito presente	infinito passato	participio presente	participio passato
immaginare	aver immaginato	immaginante,	immaginato, immaginati
		immaginanti	immaginata, immaginate

A l'indicatif et au subjonctif présent (aux trois premières personnes du singulier et à la 3e du pluriel) et à l'impératif (aux deux premières personnes du singulier et à la 3e du pluriel), l'accent tonique porte sur la 3e ou la 4e syllabe à partir de la fin, et non sur l'avant-dernière. (Voir Grammaire pages 11-13.)

indicativo presente	passato prossimo		congiuntivo presente	congiuntivo passato	
io modifico	io ho	modificato	io modifichi	io abbia	modificato
tu modifichi	tu hai	modificato	tu modifichi	tu abbia	modificato
egli modifica	egli ha	modificato	egli modifichi	egli abbia	modificato
noi modifichiamo	noi abbiamo	modificato	noi modifichiamo	noi abbiamo	modificato
voi modificate	voi avete	modificato	voi modifichiate	voi abbiate	modificato
essi modificano	essi hanno	modificato	essi modifichino	essi abbiano	modificato

indicativo imperfetto	trapassato prossimo		congiuntivo imperfetto	congiuntivo trapassato	
io modificavo	io avevo	modificato	io modificassi	io avessi	modificato
tu modificavi	tu avevi	modificato	tu modificassi	tu avessi	modificato
egli modificava	egli aveva	modificato	egli modificasse	egli avesse	modificato
noi modificavamo	noi avevamo	modificato	noi modificassimo	noi avessimo	modificato
voi modificavate	voi avevate	modificato	voi modificaste	voi aveste	modificato
essi modificavano	essi avevano	modificato	essi modificassero	essi avessero	modificato

passato remoto	trapassato remoto		condizionale presente	condizionale passato	
io modificai	io ebbi	modificato	io modificherei	io avrei	modificato
tu modificasti	tu avesti	modificato	tu modificheresti	tu avresti	modificato
egli modificò	egli ebbe	modificato	egli modificherebbe	egli avrebbe	modificato
noi modificammo	noi avemmo	modificato	noi modificheremmo	noi avremmo	modificato
voi modificaste	voi aveste	modificato	voi modifichereste	voi avreste	modificato
essi modificarono	essi ebbero	modificato	essi modificherebbero	essi avrebbero	modificato

futuro semplice	futuro anteriore		imperativo presente	gerundio presente	
io modificherò	io avrò	modificato		modificando	
tu modificherai	tu avrai	modificato	modifica (tu)		
egli modificherà	egli avrà	modificato	modifichi (Lei)		
noi modificheremo	noi avremo	modificato	modifichiamo (noi)	gerundio passato	
voi modificherete	voi avrete	modificato	modificate (voi)	avendo modificato	
essi modificheranno	essi avranno	modificato	modifichino (Loro)		

infinito presente	infinito passato	participio presente	participio passato
modificare	aver modificato	modificante, modificanti	modificato, modificati modificata, modificate

A l'indicatif et au subjonctif présent et à l'impératif, aux trois premières personnes du singulier et à la 3e du pluriel, l'accent tonique porte sur la 3e ou la 4e syllabe à partir de la fin.
Ainsi se conjuguent les verbes en -icare : caricare *(io carico, essi caricano)* ; applicare *(io applico, egli applica, essi applicano)*. (Voir Grammaire pages 11-13.)

TEMERE/CRAINDRE ▶ modèle verbes en -ere

indicativo presente		passato prossimo		
io	temo	io	ho	temuto
tu	temi	tu	hai	temuto
egli	teme	egli	ha	temuto
noi	temiamo	noi	abbiamo	temuto
voi	temete	voi	avete	temuto
essi	temono	essi	hanno	temuto

indicativo imperfetto		trapassato prossimo		
io	temevo	io	avevo	temuto
tu	temevi	tu	avevi	temuto
egli	temeva	egli	aveva	temuto
noi	temevamo	noi	avevamo	temuto
voi	temevate	voi	avevate	temuto
essi	temevano	essi	avevano	temuto

passato remoto		trapassato remoto		
io	temetti, temei[1]	io	ebbi	temuto
tu	temesti	tu	avesti	temuto
egli	temette, temé[1]	egli	ebbe	temuto
noi	tememmo	noi	avemmo	temuto
voi	temeste	voi	aveste	temuto
essi	temettero, temerono[1]	essi	ebbero	temuto

futuro semplice		futuro anteriore		
io	temerò	io	avrò	temuto
tu	temerai	tu	avrai	temuto
egli	temerà	egli	avrà	temuto
noi	temeremo	noi	avremo	temuto
voi	temerete	voi	avrete	temuto
essi	temeranno	essi	avranno	temuto

infinito presente	infinito passato
temere	aver temuto

congiuntivo presente		congiuntivo passato		
io	tema	io	abbia	temuto
tu	tema	tu	abbia	temuto
egli	tema	egli	abbia	temuto
noi	temiamo	noi	abbiamo	temuto
voi	temiate	voi	abbiate	temuto
essi	temano	essi	abbiano	temuto

congiuntivo imperfetto		congiuntivo trapassato		
io	temessi	io	avessi	temuto
tu	temessi	tu	avessi	temuto
egli	temesse	egli	avesse	temuto
noi	temessimo	noi	avessimo	temuto
voi	temeste	voi	aveste	temuto
essi	temessero	essi	avessero	temuto

condizionale presente		condizionale passato		
io	temerei	io	avrei	temuto
tu	temeresti	tu	avresti	temuto
egli	temerebbe	egli	avrebbe	temuto
noi	temeremmo	noi	avremmo	temuto
voi	temereste	voi	avreste	temuto
essi	temerebbero	essi	avrebbero	temuto

imperativo presente	gerundio presente
	temendo
temi (tu)	
tema (Lei)	
temiamo (noi)	**gerundio passato**
temete (voi)	avendo temuto
temano (Loro)	

participio presente	participio passato
temente, tementi	temuto, temuti
	temuta, temute

1) Des deux formes du passé simple, la plus employée est celle en **-etti.**
Mais avec les verbes dont le radical se termine par **-t-** on préfère l'autre forme : pot-ere : *io potei, egli poté, essi poterono.*

ACCENDERE/ALLUMER 21

indicativo presente	passato prossimo		congiuntivo presente	congiuntivo passato	
io accendo	io ho acceso		io accenda	io abbia acceso	
tu accendi	tu hai acceso		tu accenda	tu abbia acceso	
egli accende	egli ha acceso		egli accenda	egli abbia acceso	
noi accendiamo	noi abbiamo acceso		noi accendiamo	noi abbiamo acceso	
voi accendete	voi avete acceso		voi accendiate	voi abbiate acceso	
essi accendono	essi hanno acceso		essi accendano	essi abbiano acceso	

indicativo imperfetto	trapassato prossimo		congiuntivo imperfetto	congiuntivo trapassato	
io accendevo	io avevo acceso		io accendessi	io avessi acceso	
tu accendevi	tu avevi acceso		tu accendessi	tu avessi acceso	
egli accendeva	egli aveva acceso		egli accendesse	egli avesse acceso	
noi accendevamo	noi avevamo acceso		noi accendessimo	noi avessimo acceso	
voi accendevate	voi avevate acceso		voi accendeste	voi aveste acceso	
essi accendevano	essi avevano acceso		essi accendessero	essi avessero acceso	

passato remoto	trapassato remoto		condizionale presente	condizionale passato	
io accesi	io ebbi acceso		io accenderei	io avrei acceso	
tu accendesti	tu avesti acceso		tu accenderesti	tu avresti acceso	
egli accese	egli ebbe acceso		egli accenderebbe	egli avrebbe acceso	
noi accendemmo	noi avemmo acceso		noi accenderemmo	noi avremmo acceso	
voi accendeste	voi aveste acceso		voi accendereste	voi avreste acceso	
essi accesero	essi ebbero acceso		essi accenderebbero	essi avrebbero acceso	

futuro semplice	futuro anteriore		imperativo presente	gerundio presente
io accenderò	io avrò acceso			accendendo
tu accenderai	tu avrai acceso		accendi (tu)	
egli accenderà	egli avrà acceso		accenda (Lei)	
noi accenderemo	noi avremo acceso		accendiamo (noi)	gerundio passato
voi accenderete	voi avrete acceso		accendete (voi)	avendo acceso
essi accenderanno	essi avranno acceso		accendano (Loro)	

infinito presente	infinito passato		participio presente	participio passato
accendere	aver acceso		accendente, accendenti	acceso, accesi
				accesa, accese

Ainsi se conjuguent appendere, difendere, dipendere, incendere, offendere, raccendere, riaccendere.
Se conjuguent sur le même modèle : fendere et pendere sauf aux formes suivantes du passé simple : io fendéi / pendéi, egli fende / pende, essi fenderono / penderono ; splendere et risplendere sauf au passé simple : io (ri)splendei / (ri)splendetti, egli (ri)splende / (ri)splendette, essi (ri)splenderono / (ri)splendettero. Ces deux verbes n'ont ni participe passé, ni temps composés.

indicativo presente	passato prossimo		congiuntivo presente	congiuntivo passato	
io affiggo	io ho	affisso	io affigga	io abbia	affisso
tu affiggi	tu hai	affisso	tu affigga	tu abbia	affisso
egli affigge	egli ha	affisso	egli affigga	egli abbia	affisso
noi affiggiamo	noi abbiamo	affisso	noi affiggiamo	noi abbiamo	affisso
voi affiggete	voi avete	affisso	voi affiggiate	voi abbiate	affisso
essi affiggono	essi hanno	affisso	essi affiggano	essi abbiano	affisso

indicativo imperfetto	trapassato prossimo		congiuntivo imperfetto	congiuntivo trapassato	
io affiggevo	io avevo	affisso	io affiggessi	io avessi	affisso
tu affiggevi	tu avevi	affisso	tu affiggessi	tu avessi	affisso
egli affiggeva	egli aveva	affisso	egli affiggesse	egli avesse	affisso
noi affiggevamo	noi avevamo	affisso	noi affiggessimo	noi avessimo	affisso
voi affiggevate	voi avevate	affisso	voi affiggeste	voi aveste	affisso
essi affiggevano	essi avevano	affisso	essi affiggessero	essi avessero	affisso

passato remoto	trapassato remoto		condizionale presente	condizionale passato	
io affissi	io ebbi	affisso	io affiggerei	io avrei	affisso
tu affiggesti	tu avesti	affisso	tu affiggeresti	tu avresti	affisso
egli affisse	egli ebbe	affisso	egli affiggerebbe	egli avrebbe	affisso
noi affiggemmo	noi avemmo	affisso	noi affiggeremmo	noi avremmo	affisso
voi affiggeste	voi aveste	affisso	voi affiggereste	voi avreste	affisso
essi affissero	essi ebbero	affisso	essi affiggerebbero	essi avrebbero	affisso

futuro semplice	futuro anteriore		imperativo presente	gerundio presente
io affiggerò	io avrò	affisso		affiggendo
tu affiggerai	tu avrai	affisso	affiggi (tu)	
egli affiggerà	egli avrà	affisso	affigga (Lei)	
noi affiggeremo	noi avremo	affisso	affiggiamo (noi)	gerundio passato
voi affiggerete	voi avrete	affisso	affiggete (voi)	avendo affisso
essi affiggeranno	essi avranno	affisso	affiggano (Loro)	

infinito presente	infinito passato	participio presente	participio passato
affiggere	aver affisso	affiggente,	affisso, affissi
		affiggenti	affissa, affisse

Ainsi se conjuguent crocifiggere, infiggere, prefiggere.
Sur le même modèle sauf au participe passé qui se termine en **-tto** : affliggere (**afflitto**), configgere (**confitto**), figgere (**fitto**), friggere (**fritto**), infliggere (**inflitto**), rifiggere (**rifitto**), rifriggere (**rifritto**), sconfiggere (**sconfitto**), sfriggere (**sfritto**), soffriggere (**soffritto**), trafiggere (**trafitto**).

indicativo presente	passato prossimo		congiuntivo presente	congiuntivo passato
io ardo	io ho arso	io arda	io abbia arso
tu ardi	tu hai arso	tu arda	tu abbia arso
egli arde	egli ha arso	egli arda	egli abbia arso
noi ardiamo	noi abbiamo arso	noi ardiamo	noi abbiamo arso
voi ardete	voi avete arso	voi ardiate	voi abbiate arso
essi ardono	essi hanno arso	essi ardano	essi abbiano arso

indicativo imperfetto	trapassato prossimo		congiuntivo imperfetto	congiuntivo trapassato
io ardevo	io avevo arso	io ardessi	io avessi arso
tu ardevi	tu avevi arso	tu ardessi	tu avessi arso
egli ardeva	egli aveva arso	egli ardesse	egli avesse arso
noi ardevamo	noi avevamo arso	noi ardessimo	noi avessimo arso
voi ardevate	voi avevate arso	voi ardeste	voi aveste arso
essi ardevano	essi avevano arso	essi ardessero	essi avessero arso

passato remoto	trapassato remoto		condizionale presente	condizionale passato
io arsi	io ebbi arso	io arderei	io avrei arso
tu ardesti	tu avesti arso	tu arderesti	tu avresti arso
egli arse	egli ebbe arso	egli arderebbe	egli avrebbe arso
noi ardemmo	noi avemmo arso	noi arderemmo	noi avremmo arso
voi ardeste	voi aveste arso	voi ardereste	voi avreste arso
essi arsero	essi ebbero arso	essi arderebbero	essi avrebbero arso

futuro semplice	futuro anteriore		imperativo presente	gerundio presente
io arderò	io avrò arso		ardendo
tu arderai	tu avrai arso	ardi (tu)	
egli arderà	egli avrà arso	arda (Lei)	
noi arderemo	noi avremo arso	ardiamo (noi)	gerundio passato
voi arderete	voi avrete arso	ardete (voi)	avendo arso
essi arderanno	essi avranno arso	ardano (Loro)	

infinito presente	infinito passato		participio presente	participio passato
ardere	aver arso	ardente, ardenti	arso, arsi
			arsa, arse

■ Ainsi se conjugue riardere.

indicativo presente	passato prossimo		congiuntivo presente	congiuntivo passato	
io assisto	io ho assistito		io assista	io abbia assistito
tu assisti	tu hai assistito		tu assista	tu abbia assistito
egli assiste	egli ha assistito		egli assista	egli abbia assistito
noi assistiamo	noi abbiamo assistito		noi assistiamo	noi abbiamo assistito
voi assistete	voi avete assistito		voi assistiate	voi abbiate assistito
essi assistono	essi hanno assistito		essi assistano	essi abbiano assistito

indicativo imperfetto	trapassato prossimo		congiuntivo imperfetto	congiuntivo trapassato	
io assistevo	io avevo assistito		io assistessi	io avessi assistito
tu assistevi	tu avevi assistito		tu assistessi	tu avessi assistito
egli assisteva	egli aveva assistito		egli assistesse	egli avesse assistito
noi assistevamo	noi avevamo assistito		noi assistessimo	noi avessimo assistito
voi assistevate	voi avevate assistito		voi assisteste	voi aveste assistito
essi assistevano	essi avevano assistito		essi assistessero	essi avessero assistito

passato remoto	trapassato remoto		condizionale presente	condizionale passato	
io assistei[1]	io ebbi assistito		io assisterei	io avrei assistito
tu assistesti	tu avesti assistito		tu assisteresti	tu avresti assistito
egli assisté[1]	egli ebbe assistito		egli assisterebbe	egli avrebbe assistito
noi assistemmo	noi avemmo assistito		noi assisteremmo	noi avremmo assistito
voi assisteste	voi aveste assistito		voi assistereste	voi avreste assistito
essi assisterono[1]	essi ebbero assistito		essi assisterebbero	essi avrebbero assistito

futuro semplice	futuro anteriore		imperativo presente	gerundio presente
io assisterò	io avrò assistito			assistendo
tu assisterai	tu avrai assistito		assisti (tu)	
egli assisterà	egli avrà assistito		assista (Lei)	
noi assisteremo	noi avremo assistito		assistiamo (noi)	gerundio passato
voi assisterete	voi avrete assistito		assistete (voi)	avendo assistito
essi assisteranno	essi avranno assistito		assistano (Loro)	

infinito presente	infinito passato		participio presente	participio passato
assistere	aver assistito		assistente, assistenti	assistito, assistiti
				assistita, assistite

1) Au passé simple, il existe une autre forme pour la 1re personne du singulier et les 3es personnes du singulier et du pluriel : *io assistetti, egli assistette, essi assistettero.*

indicativo presente	passato prossimo		congiuntivo presente	congiuntivo passato	
io assolvo	io ho assolto		io assolva	io abbia assolto	
tu assolvi	tu hai assolto		tu assolva	tu abbia assolto	
egli assolve	egli ha assolto		egli assolva	egli abbia assolto	
noi assolviamo	noi abbiamo assolto		noi assolviamo	noi abbiamo assolto	
voi assolvete	voi avete assolto		voi assolviate	voi abbiate assolto	
essi assolvono	essi hanno assolto		essi assolvano	essi abbiano assolto	

indicativo imperfetto	trapassato prossimo		congiuntivo imperfetto	congiuntivo trapassato	
io assolvevo	io avevo assolto		io assolvessi	io avessi assolto	
tu assolvevi	tu avevi assolto		tu assolvessi	tu avessi assolto	
egli assolveva	egli aveva assolto		egli assolvesse	egli avesse assolto	
noi assolvevamo	noi avevamo assolto		noi assolvessimo	noi avessimo assolto	
voi assolvevate	voi avevate assolto		voi assolveste	voi aveste assolto	
essi assolvevano	essi avevano assolto		essi assolvessero	essi avessero assolto	

passato remoto	trapassato remoto		condizionale presente	condizionale passato	
io assolsi	io ebbi assolto		io assolverei	io avrei assolto	
tu assolvesti	tu avesti assolto		tu assolveresti	tu avresti assolto	
egli assolse	egli ebbe assolto		egli assolverebbe	egli avrebbe assolto	
noi assolvemmo	noi avemmo assolto		noi assolveremmo	noi avremmo assolto	
voi assolveste	voi aveste assolto		voi assolvereste	voi avreste assolto	
essi assolsero	essi ebbero assolto		essi assolverebbero	essi avrebbero assolto	

futuro semplice	futuro anteriore		imperativo presente	gerundio presente
io assolverò	io avrò assolto			assolvendo
tu assolverai	tu avrai assolto		assolvi (tu)	
egli assolverà	egli avrà assolto		assolva (Lei)	
noi assolveremo	noi avremo assolto		assolviamo (noi)	gerundio passato
voi assolverete	voi avrete assolto		assolvete (voi)	
essi assolveranno	essi avranno assolto		assolvano (Loro)	avendo assolto

infinito presente	infinito passato		participio presente	participio passato
assolvere	aver assolto		assolvente, assolventi	assolto, assolti
				assolta, assolte

Ainsi se conjuguent asciolvere *(forme archaïque de assolvere)* et les verbes suivants avec quelques formes irrégulières au passé simple et au participe passé : devolvere *(io devolvei/devolvetti... essi devolverono/ devolvettero; devoluto);* dissolvere *(io dissolsi/dissolvetti/dissolvei, ... essi dissolsero/dissolverono/dissolvettero; dissolto/dissoluto;* evolvere *(io evolvetti/evolvei/evolsi, ... essi evolvettero/evolverono/evolsero; evoluto);* risolvere *(io risolvei/risolvetti/risolsi, ..., essi risolverono/risolvettero/risolsero; risolto,* rare *risoluto);* involvere (n'a pas de passé simple; participe passé : *involuto).*

assunsi, assunto

indicativo presente	passato prossimo	congiuntivo presente	congiuntivo passato
io assumo	io ho assunto	io assuma	io abbia assunto
tu assumi	tu hai assunto	tu assuma	tu abbia assunto
egli assume	egli ha assunto	egli assuma	egli abbia assunto
noi assumiamo	noi abbiamo assunto	noi assumiamo	noi abbiamo assunto
voi assumete	voi avete assunto	voi assumiate	voi abbiate assunto
essi assumono	essi hanno assunto	essi assumano	essi abbiano assunto

indicativo imperfetto	trapassato prossimo	congiuntivo imperfetto	congiuntivo trapassato
io assumevo	io avevo assunto	io assumessi	io avessi assunto
tu assumevi	tu avevi assunto	tu assumessi	tu avessi assunto
egli assumeva	egli aveva assunto	egli assumesse	egli avesse assunto
noi assumevamo	noi avevamo assunto	noi assumessimo	noi avessimo assunto
voi assumevate	voi avevate assunto	voi assumeste	voi aveste assunto
essi assumevano	essi avevano assunto	essi assumessero	essi avessero assunto

passato remoto	trapassato remoto	condizionale presente	condizionale passato
io assunsi	io ebbi assunto	io assumerei	io avrei assunto
tu assumesti	tu avesti assunto	tu assumeresti	tu avresti assunto
egli assunse	egli ebbe assunto	egli assumerebbe	egli avrebbe assunto
noi assumemmo	noi avemmo assunto	noi assumeremmo	noi avremmo assunto
voi assumeste	voi aveste assunto	voi assumereste	voi avreste assunto
essi assunsero	essi ebbero assunto	essi assumerebbero	essi avrebbero assunto

futuro semplice	futuro anteriore	imperativo presente	gerundio presente
io assumerò	io avrò assunto		assumendo
tu assumerai	tu avrai assunto	assumi (tu)	
egli assumerà	egli avrà assunto	assuma (Lei)	
noi assumeremo	noi avremo assunto	assumiamo (noi)	gerundio passato
voi assumerete	voi avrete assunto	assumete (voi)	avendo assunto
essi assumeranno	essi avranno assunto	assumano (Loro)	

infinito presente	infinito passato	participio presente	participio passato
assumere	aver assunto	assumente, assumenti	assunto, assunti
			assunta, assunte

■ Ainsi se conjuguent consumere, desumere, presumere, riassumere.

indicativo presente	passato prossimo		congiuntivo presente	congiuntivo passato	
io bevo	io ho	bevuto	io beva	io abbia	bevuto
tu bevi	tu hai	bevuto	tu beva	tu abbia	bevuto
egli beve	egli ha	bevuto	egli beva	egli abbia	bevuto
noi beviamo	noi abbiamo	bevuto	noi beviamo	noi abbiamo	bevuto
voi bevete	voi avete	bevuto	voi beviate	voi abbiate	bevuto
essi bevono	essi hanno	bevuto	essi bevano	essi abbiano	bevuto

indicativo imperfetto	trapassato prossimo		congiuntivo imperfetto	congiuntivo trapassato	
io bevevo	io avevo	bevuto	io bevessi	io avessi	bevuto
tu bevevi	tu avevi	bevuto	tu bevessi	tu avessi	bevuto
egli beveva	egli aveva	bevuto	egli bevesse	egli avesse	bevuto
noi bevevamo	noi avevamo	bevuto	noi bevessimo	noi avessimo	bevuto
voi bevevate	voi avevate	bevuto	voi beveste	voi aveste	bevuto
essi bevevano	essi avevano	bevuto	essi bevessero	essi avessero	bevuto

passato remoto	trapassato remoto		condizionale presente	condizionale passato	
io bevvi	io ebbi	bevuto	io berrei	io avrei	bevuto
tu bevesti	tu avesti	bevuto	tu berresti	tu avresti	bevuto
egli bevve	egli ebbe	bevuto	egli berrebbe	egli avrebbe	bevuto
noi bevemmo	noi avemmo	bevuto	noi berremmo	noi avremmo	bevuto
voi beveste	voi aveste	bevuto	voi berreste	voi avreste	bevuto
essi bevvero	essi ebbero	bevuto	essi berrebbero	essi avrebbero	bevuto

futuro semplice	futuro anteriore		imperativo presente	gerundio presente	
io berrò	io avrò	bevuto		bevendo	
tu berrai	tu avrai	bevuto	bevi (tu)		
egli berrà	egli avrà	bevuto	beva (Lei)		
noi berremo	noi avremo	bevuto	beviamo (noi)	gerundio passato	
voi berrete	voi avrete	bevuto	bevete (voi)	avendo bevuto	
essi berranno	essi avranno	bevuto	bevano (Loro)		

infinito presente	infinito passato	participio presente	participio passato
bere	aver bevuto	bevente, beventi	bevuto, bevuti
			bevuta, bevute

Ce verbe se conjugue sur le radical de la forme achaïque **bevere.**
Au passé simple, aux 1re et 3e personnes du singulier et à la 3e du pluriel on rencontre deux autres formes : *io bevei/bevetti, egli bevé/bevette, essi beverono/bevettero.*
Ainsi se conjugue imbevere.

indicativo presente	passato prossimo
io cado	io sono caduto
tu cadi	tu sei caduto
egli cade	egli è caduto
noi cadiamo	noi siamo caduti
voi cadete	voi siete caduti
essi cadono	essi sono caduti

indicativo imperfetto	trapassato prossimo
io cadevo	io ero caduto
tu cadevi	tu eri caduto
egli cadeva	egli era caduto
noi cadevamo	noi eravamo caduti
voi cadevate	voi eravate caduti
essi cadevano	essi erano caduti

passato remoto	trapassato remoto
io caddi	io fui caduto
tu cadesti	tu fosti caduto
egli cadde	egli fu caduto
noi cademmo	noi fummo caduti
voi cadeste	voi foste caduti
essi caddero	essi furono caduti

futuro semplice	futuro anteriore
io cadrò	io sarò caduto
tu cadrai	tu sarai caduto
egli cadrà	egli sarà caduto
noi cadremo	noi saremo caduti
voi cadrete	voi sarete caduti
essi cadranno	essi saranno caduti

infinito presente	infinito passato
cadere	essere caduto

congiuntivo presente	congiuntivo passato
io cada	io sia caduto
tu cada	tu sia caduto
egli cada	egli sia caduto
noi cadiamo	noi siamo caduti
voi cadiate	voi siate caduti
essi cadano	essi siano caduti

congiuntivo imperfetto	congiuntivo trapassato
io cadessi	io fossi caduto
tu cadessi	tu fossi caduto
egli cadesse	egli fosse caduto
noi cadessimo	noi fossimo caduti
voi cadeste	voi foste caduti
essi cadessero	essi fossero caduti

condizionale presente	condizionale passato
io cadrei	io sarei caduto
tu cadresti	tu saresti caduto
egli cadrebbe	egli sarebbe caduto
noi cadremmo	noi saremmo caduti
voi cadreste	voi sareste caduti
essi cadrebbero	essi sarebbero caduti

imperativo presente	gerundio presente
	cadendo
cadi (tu)	
cada (Lei)	
cadiamo (noi)	gerundio passato
cadete (voi)	essendo caduto
cadano (Loro)	

participio presente	participio passato
cadente, cadenti	caduto, caduti
	caduta, cadute

indicativo presente		passato prossimo	
io chiedo	io	ho	chiesto
tu chiedi	tu	hai	chiesto
egli chiede	egli	ha	chiesto
noi chiediamo	noi	abbiamo	chiesto
voi chiedete	voi	avete	chiesto
essi chiedono	essi	hanno	chiesto'

indicativo imperfetto		trapassato prossimo	
io chiedevo	io	avevo	chiesto
tu chiedevi	tu	avevi	chiesto
egli chiedeva	egli	aveva	chiesto
noi chiedevamo	noi	avevamo	chiesto
voi chiedevate	voi	avevate	chiesto
essi chiedevano	essi	avevano	chiesto

passato remoto		trapassato remoto	
io chiesi	io	ebbi	chiesto
tu chiedesti	tu	avesti	chiesto
egli chiese	egli	ebbe	chiesto
noi chiedemmo	noi	avemmo	chiesto
voi chiedeste	voi	aveste	chiesto
essi chiesero	essi	ebbero	chiesto

futuro semplice		futuro anteriore	
io chiederò	io	avrò	chiesto
tu chiederai	tu	avrai	chiesto
egli chiederà	egli	avrà	chiesto
noi chiederemo	noi	avremo	chiesto
voi chiederete	voi	avrete	chiesto
essi chiederanno	essi	avranno	chiesto

infinito presente	infinito passato
chiedere	aver chiesto

congiuntivo presente		congiuntivo passato	
io chieda	io	abbia	chiesto
tu chieda	tu	abbia	chiesto
egli chieda	egli	abbia	chiesto
noi chiediamo	noi	abbiamo	chiesto
voi chiediate	voi	abbiate	chiesto
essi chiedano	essi	abbiano	chiesto

congiuntivo imperfetto		congiuntivo trapassato	
io chiedessi	io	avessi	chiesto
tu chiedessi	tu	avessi	chiesto
egli chiedesse	egli	avesse	chiesto
noi chiedessimo	noi	avessimo	chiesto
voi chiedeste	voi	aveste	chiesto
essi chiedessero	essi	avessero	chiesto

condizionale presente		condizionale passato	
io chiederei	io	avrei	chiesto
tu chiederesti	tu	avresti	chiesto
egli chiederebbe	egli	avrebbe	chiesto
noi chiederemmo	noi	avremmo	chiesto
voi chiedereste	voi	avreste	chiesto
essi chiederebbero	essi	avrebbero	chiesto

imperativo presente	gerundio presente
	chiedendo
chiedi (tu)	
chieda (Lei)	
chiediamo (noi)	gerundio passato
chiedete (voi)	avendo chiesto
chiedano (Loro)	

participio presente	participio passato
chiedente, chiedenti	chiesto, chiesti
	chiesta, chieste

■ Ainsi se conjuguent inchiedere, richiedere, recherere.

indicativo presente		passato prossimo	
io chiudo	io ho	chiuso
tu chiudi	tu hai	chiuso
egli chiude	egli ha	chiuso
noi chiudiamo	noi abbiamo	chiuso
voi chiudete	voi avete	chiuso
essi chiudono	essi hanno	chiuso

indicativo imperfetto		trapassato prossimo	
io chiudevo	io avevo	chiuso
tu chiudevi	tu avevi	chiuso
egli chiudeva	egli aveva	chiuso
noi chiudevamo	noi avevamo	chiuso
voi chiudevate	voi avevate	chiuso
essi chiudevano	essi avevano	chiuso

passato remoto		trapassato remoto	
io chiusi	io ebbi	chiuso
tu chiudesti	tu avesti	chiuso
egli chiuse	egli ebbe	chiuso
noi chiudemmo	noi avemmo	chiuso
voi chiudeste	voi aveste	chiuso
essi chiusero	essi ebbero	chiuso

futuro semplice		futuro anteriore	
io chiuderò	io avrò	chiuso
tu chiuderai	tu avrai	chiuso
egli chiuderà	egli avrà	chiuso
noi chiuderemo	noi avremo	chiuso
voi chiuderete	voi avrete	chiuso
essi chiuderanno	essi avranno	chiuso

infinito presente	infinito passato
chiudere	aver chiuso

congiuntivo presente		congiuntivo passato	
io chiuda	io abbia	chiuso
tu chiuda	tu abbia	chiuso
egli chiuda	egli abbia	chiuso
noi chiudiamo	noi abbiamo	chiuso
voi chiudiate	voi abbiate	chiuso
essi chiudano	essi abbiano	chiuso

congiuntivo imperfetto		congiuntivo trapassato	
io chiudessi	io avessi	chiuso
tu chiudessi	tu avessi	chiuso
egli chiudesse	egli avesse	chiuso
noi chiudessimo	noi avessimo	chiuso
voi chiudeste	voi aveste	chiuso
essi chiudessero	essi avessero	chiuso

condizionale presente		condizionale passato	
io chiuderei	io avrei	chiuso
tu chiuderesti	tu avresti	chiuso
egli chiuderebbe	egli avrebbe	chiuso
noi chiuderemmo	noi avremmo	chiuso
voi chiudereste	voi avreste	chiuso
essi chiuderebbero	essi avrebbero	chiuso

imperativo presente	gerundio presente
	chiudendo
chiudi (tu)	
chiuda (Lei)	
chiudiamo (noi)	gerundio passato
chiudete (voi)	avendo chiuso
chiudano (Loro)	

participio presente	participio passato
chiudente, chiudenti	chiuso, chiusi
	chiusa, chiuse

Ainsi se conjuguent accludere, alludere, deludere, disilludere, concludere, colludere, detrudere, escludere, eludere, estrudere, illudere, includere, intrudere, intercludere, occludere, preludere, precludere, proludere, recludere, sconcludere.

indicativo presente	passato prossimo		congiuntivo presente	congiuntivo passato	
io cingo	io ho	cinto	io cinga	io abbia	cinto
tu cingi	tu hai	cinto	tu cinga	tu abbia	cinto
egli cinge	egli ha	cinto	egli cinga	egli abbia	cinto
noi cingiamo	noi abbiamo	cinto	noi cingiamo	noi abbiamo	cinto
voi cingete	voi avete	cinto	voi cingiate	voi abbiate	cinto
essi cingono	essi hanno	cinto	essi cingano	essi abbiano	cinto

indicativo imperfetto	trapassato prossimo		congiuntivo imperfetto	congiuntivo trapassato	
io cingevo	io avevo	cinto	io cingessi	io avessi	cinto
tu cingevi	tu avevi	cinto	tu cingessi	tu avessi	cinto
egli cingeva	egli aveva	cinto	egli cingesse	egli avesse	cinto
noi cingevamo	noi avevamo	cinto	noi cingessimo	noi avessimo	cinto
voi cingevate	voi avevate	cinto	voi cingeste	voi aveste	cinto
essi cingevano	essi avevano	cinto	essi cingessero	essi avessero	cinto

passato remoto	trapassato remoto		condizionale presente	condizionale passato	
io cinsi	io ebbi	cinto	io cingerei	io avrei	cinto
tu cingesti	tu avesti	cinto	tu cingeresti	tu avresti	cinto
egli cinse	egli ebbe	cinto	egli cingerebbe	egli avrebbe	cinto
noi cingemmo	noi avemmo	cinto	noi cingeremmo	noi avremmo	cinto
voi cingeste	voi aveste	cinto	voi cingereste	voi avreste	cinto
essi cinsero	essi ebbero	cinto	essi cingerebbero	essi avrebbero	cinto

futuro semplice	futuro anteriore		imperativo presente	gerundio presente	
io cingerò	io avrò	cinto		cingendo	
tu cingerai	tu avrai	cinto	cingi (tu)		
egli cingerà	egli avrà	cinto	cinga (Lei)		
noi cingeremo	noi avremo	cinto	cingiamo (noi)	gerundio passato	
voi cingerete	voi avrete	cinto	cingete (voi)		
essi cingeranno	essi avranno	cinto	cingano (Loro)	avendo cinto	

infinito presente	infinito passato	particicipio presente	participio passato
cingere	aver cinto	cingente, cingenti	cinto, cinti
			cinta, cinte

Ainsi se conjuguent dipingere, fingere, intingere, mingere, respingere, ridipingere, ritingere, sospingere, spingere et sa forme archaïque spignere, stingere, tingere.

indicativo presente		passato prossimo		
io	colgo	io	ho	colto
tu	cogli	tu	hai	colto
egli	coglie	egli	ha	colto
noi	cogliamo	noi	abbiamo	colto
voi	cogliete	voi	avete	colto
essi	colgono	essi	hanno	colto

indicativo imperfetto		trapassato prossimo		
io	coglievo	io	avevo	colto
tu	coglievi	tu	avevi	colto
egli	coglieva	egli	aveva	colto
noi	coglievamo	noi	avevamo	colto
voi	coglievate	voi	avevate	colto
essi	coglievano	essi	avevano	colto

passato remoto		trapassato remoto		
io	colsi	io	ebbi	colto
tu	cogliesti	tu	avesti	colto
egli	colse	egli	ebbe	colto
noi	cogliemmo	noi	avemmo	colto
voi	coglieste	voi	aveste	colto
essi	colsero	essi	ebbero	colto

futuro semplice		futuro anteriore		
io	coglierò	io	avrò	colto
tu	coglierai	tu	avrai	colto
egli	coglierà	egli	avrà	colto
noi	coglieremo	noi	avremo	colto
voi	coglierete	voi	avrete	colto
essi	coglieranno	essi	avranno	colto

infinito presente	infinito passato
cogliere	aver colto

congiuntivo presente		congiuntivo passato		
io	colga	io	abbia	colto
tu	colga	tu	abbia	colto
egli	colga	egli	abbia	colto
noi	cogliamo	noi	abbiamo	colto
voi	cogliate	voi	abbiate	colto
essi	colgano	essi	abbiano	colto

congiuntivo imperfetto		congiuntivo trapassato		
io	cogliessi	io	avessi	colto
tu	cogliessi	tu	avessi	colto
egli	cogliesse	egli	avesse	colto
noi	cogliessimo	noi	avessimo	colto
voi	coglieste	voi	aveste	colto
essi	cogliessero	essi	avessero	colto

condizionale presente		condizionale passato		
io	coglierei	io	avrei	colto
tu	coglieresti	tu	avresti	colto
egli	coglierebbe	egli	avrebbe	colto
noi	coglieremmo	noi	avremmo	colto
voi	cogliereste	voi	avreste	colto
essi	coglierebbero	essi	avrebbero	colto

imperativo presente		gerundio presente
		cogliendo
cogli	(tu)	
colga	(Lei)	
cogliamo	(noi)	gerundio passato
cogliete	(voi)	avendo colto
colgano	(Loro)	

participio presente	participio passato
cogliente, coglienti	colto, colti
	colta, colte

Ainsi se conjuguent accogliere, incogliere, raccogliere, riaccogliere, ricogliere, disciogliere, prosciogliere, sciogliere, ridisciogliere, distogliere, togliere, et les formes archaïques : corre (cogliere), distorre (distogliere), incorre (incogliere), prosciorre (prosciogliere), raccorre (raccogliere), sciorre (sciogliere), torre (togliere).

indicativo presente			passato prossimo			
io	compio,	compisco[1]	io	ho	compiuto,	compito[1]
tu	compi,	compisci	tu	hai	compiuto,	compito
egli	compie,	compisce	egli	ha	compiuto,	compito
noi	compiamo		noi	abbiamo	compiuto,	compito
voi	compite		voi	avete	compiuto,	compito
essi	compiono,	compiscono	essi	hanno	compiuto,	compito

indicativo imperfetto			trapassato prossimo			
io	compievo,	compivo	io	avevo	compiuto,	compito
tu	compievi	compivi	tu	avevi	compiuto,	compito
egli	compieva,	compiva	egli	aveva	compiuto,	compito
noi	compievamo,	compivamo	noi	avevamo	compiuto,	compito
voi	compievate,	compivate	voi	avevate	compiuto,	compito
essi	compievano,	compivano	essi	avevano	compiuto,	compito

passato remoto			trapassato remoto			
io	compiei,	compii	io	ebbi	compiuto,	compito
tu	compiesti,	compisti	tu	avesti	compiuto,	compito
egli	compié,	compì	egli	ebbe	compiuto,	compito
noi	compiemmo,	compimmo	noi	avemmo	compiuto,	compito
voi	compieste,	compiste	voi	aveste	compiuto,	compito
essi	compierono,	compirono	essi	ebbero	compiuto,	compito

futuro semplice		futuro anteriore			
io	compirò	io	avrò	compiuto,	compito
tu	compirai	tu	avrai	compiuto,	compito
egli	compirà	egli	avrà	compiuto,	compito
noi	compiremo	noi	avremo	compiuto,	compito
voi	compirete	voi	avrete	compiuto,	compito
essi	compiranno	essi	avranno	compiuto,	compito

infinito presente	infinito passato
compiere, compire	avere compiuto, compito

participio presente	participio passato
compiente, compienti	compiuto, compiuti, compito[2], compiti
	compiuta, compiute, compita, compite

---

1) Le verbe compire n'est employé usuellement qu'à l'imparfait (imperfetto) et au passé simple (passato remoto).

2) Compito est aussi employé comme adjectif dans le sens de affable, courtois, bien élevé. A ne pas confondre avec le substantif : un compito (un devoir, une copie).

congiuntivo presente		congiuntivo passato		
io	compia, compisca[1]	io	abbia	compiuto, compito[1]
tu	compia, compisca	tu	abbia	compiuto, compito
egli	compia, compisca	egli	abbia	compiuto, compito
noi	compiamo	noi	abbiamo	compiuto, compito
voi	compiate	voi	abbiate	compiuto, compito
essi	compiano, compiscano	essi	abbiano	compiuto, compito

congiuntivo imperfetto		congiuntivo trapassato		
io	compiessi, compissi	io	avessi	compiuto, compito
tu	compiessi, compissi	tu	avessi	compiuto, compito
egli	compiesse, compisse	egli	avesse	compiuto, compito
noi	compiessimo, compissimo	noi	avessimo	compiuto, compito
voi	compieste, compiste	voi	aveste	compiuto, compito
essi	compiessero, compissero	essi	avessero	compiuto, compito

condizionale presente		condizionale passato		
io	compirei	io	avrei	compiuto, compito
tu	compiresti	tu	avresti	compiuto, compito
egli	compirebbe	egli	avrebbe	compiuto, compito
noi	compiremmo	noi	avremmo	compiuto, compito
voi	compireste	voi	avreste	compiuto, compito
essi	compirebbero	essi	avrebbero	compiuto, compito

imperativo presente		
compi,	compisci	(tu)
compia,	compisca	(Lei
	compiamo	(noi)
compiete,	compite	(voi)
compiano,	compiscano	(Loro)

gerundio presente	gerundio passato
compiendo	avendo compiuto, compito

Verbe **sovrabbondante** qui utilise les formes des conjugaisons des 2e et 3e groupes : **compiere** (compio) ; **compire** (compisco).
Adempiere, empiere et riempiere se conjuguent comme **compiere** ; adempire, empire, riempire comme **compire**.

1) Le verbe compire n'est employé usuellement qu'à l'imparfait (imperfetto) et au passé simple (passato remoto).

indicativo presente	passato prossimo		congiuntivo presente	congiuntivo passato	
io comprimo	io ho	compresso	io comprima	io abbia	compresso
tu comprimi	tu hai	compresso	tu comprima	tu abbia	compresso
egli comprime	egli ha	compresso	egli comprima	egli abbia	compresso
noi comprimiamo	noi abbiamo	compresso	noi comprimiamo	noi abbiamo	compresso
voi comprimete	voi avete	compresso	voi comprimiate	voi abbiate	compresso
essi comprimono	essi hanno	compresso	essi comprimano	essi abbiano	compresso

indicativo imperfetto	trapassato prossimo		congiuntivo imperfetto	congiuntivo trapassato	
io comprimevo	io avevo	compresso	io comprimessi	io avessi	compresso
tu comprimevi	tu avevi	compresso	tu comprimessi	tu avessi	compresso
egli comprimeva	egli aveva	compresso	egli comprimesse	egli avesse	compresso
noi comprimevamo	noi avevamo	compresso	noi comprimessimo	noi avessimo	compresso
voi comprimevate	voi avevate	compresso	voi comprimeste	voi aveste	compresso
essi comprimevano	essi avevano	compresso	essi comprimessero	essi avessero	compresso

passato remoto	trapassato remoto		condizionale presente	condizionale passato	
io compressi	io ebbi	compresso	io comprimerei	io avrei	compresso
tu comprimesti	tu avesti	compresso	tu comprimeresti	tu avresti	compresso
egli compresse	egli ebbe	compresso	egli comprimerebbe	egli avrebbe	compresso
noi comprimemmo	noi avemmo	compresso	noi comprimeremmo	noi avremmo	compresso
voi comprimeste	voi aveste	compresso	voi comprimereste	voi avreste	compresso
essi compressero	essi ebbero	compresso	essi comprimerebbero	essi avrebbero	compresso

futuro semplice	futuro anteriore		imperativo presente	gerundio presente	
io comprimerò	io avrò	compresso		comprimendo	
tu comprimerai	tu avrai	compresso	comprimi (tu)		
egli comprimerà	egli avrà	compresso	comprima (Lei)		
noi comprimeremo	noi avremo	compresso	comprimiamo (noi)	gerundio passato	
voi comprimerete	voi avrete	compresso	comprimete (voi)	avendo compresso	
essi comprimeranno	essi avranno	compresso	comprimano (Loro)		

infinito presente	infinito passato	participio presente	participio passato
comprimere	aver compresso	comprimente, comprimenti	compresso, compressi compressa, compresse

■ Ainsi se conjuguent deprimere, esprimere, imprimere, opprimere, precomprimere, reprimere, sopprimere.

indicativo presente	passato prossimo		congiuntivo presente	congiuntivo passato	
io concedo	io ho	concesso	io conceda	io abbia	concesso
tu concedi	tu hai	concesso	tu conceda	tu abbia	concesso
egli concede	egli ha	concesso	egli conceda	egli abbia	concesso
noi concediamo	noi abbiamo	concesso	noi concediamo	noi abbiamo	concesso
voi concedete	voi avete	concesso	voi concediate	voi abbiate	concesso
essi concedono	essi hanno	concesso	essi concedano	essi abbiano	concesso

indicativo imperfetto	trapassato prossimo		congiuntivo imperfetto	congiuntivo trapassato	
io concedevo	io avevo	concesso	io concedessi	io avessi	concesso
tu concedevi	tu avevi	concesso	tu concedessi	tu avessi	concesso
egli concedeva	egli aveva	concesso	egli concedesse	egli avesse	concesso
noi concedevamo	noi avevamo	concesso	noi concedessimo	noi avessimo	concesso
voi concedevate	voi avevate	concesso	voi concedeste	voi aveste	concesso
essi concedevano	essi avevano	concesso	essi concedessero	essi avessero	concesso

passato remoto	trapassato remoto		condizionale presente	condizionale passato	
io concessi[1]	io ebbi	concesso	io concederei	io avrei	concesso
tu concedesti	tu avesti	concesso	tu concederesti	tu avresti	concesso
egli concesse	egli ebbe	concesso	egli concederebbe	egli avrebbe	concesso
noi concedemmo	noi avemmo	concesso	noi concederemmo	noi avremmo	concesso
voi concedeste	voi aveste	concesso	voi concedereste	voi avreste	concesso
essi concessero	essi ebbero	concesso	essi concederebbero	essi avrebbero	concesso

futuro semplice	futuro anteriore		imperativo presente	gerundio presente
io concederò	io avrò	concesso		concedendo
tu concederai	tu avrai	concesso		
egli concederà	egli avrà	concesso	concedi (tu)	
noi concederemo	noi avremo	concesso	conceda (Lei)	
voi concederete	voi avrete	concesso	concediamo (noi)	gerundio passato
essi concederanno	essi avranno	concesso	concedete (voi)	avendo concesso
			concedano (Loro)	

infinito presente	infinito passato		participio presente	participio passato
concedere	aver concesso		concedente,	concesso, concessi
			concedenti	concessa, concesse
				conceduto, conceduti[2]
				conceduta, concedute

■ Ainsi se conjuguent retrocedere, riconcedere, succedere.

1) Le passé simple a deux autres formes : *io concedei/concedetti, egli concedé/concedette, essi concede-rono/concedettero.*
2) Formes rares du participe passé.

indicativo presente	passato prossimo		congiuntivo presente	congiuntivo passato	
io conduco	io ho	condotto	io conduca	io abbia	condotto
tu conduci	tu hai	condotto	tu conduca	tu abbia	condotto
egli conduce	egli ha	condotto	egli conduca	egli abbia	condotto
noi conduciamo	noi abbiamo	condotto	noi conduciamo	noi abbiamo	condotto
voi conducete	voi avete	condotto	voi conduciate	voi abbiate	condotto
essi conducono	essi hanno	condotto	essi conducano	essi abbiano	condotto

indicativo imperfetto	trapassato prossimo		congiuntivo imperfetto	congiuntivo trapassato	
io conducevo	io avevo	condotto	io conducessi	io avessi	condotto
tu conducevi	tu avevi	condotto	tu conducessi	tu avessi	condotto
egli conduceva	egli aveva	condotto	egli conducesse	egli avesse	condotto
noi conducevamo	noi avevamo	condotto	noi conducessimo	noi avessimo	condotto
voi conducevate	voi avevate	condotto	voi conduceste	voi aveste	condotto
essi conducevano	essi avevano	condotto	essi conducessero	essi avessero	condotto

passato remoto	trapassato remoto		condizionale presente	condizionale passato	
io condussi	io ebbi	condotto	io condurrei	io avrei	condotto
tu conducesti	tu avesti	condotto	tu condurresti	tu avresti	condotto
egli condusse	egli ebbe	condotto	egli condurrebbe	egli avrebbe	condotto
noi conducemmo	noi avemmo	condotto	noi condurremmo	noi avremmo	condotto
voi conduceste	voi aveste	condotto	voi condurreste	voi avreste	condotto
essi condussero	essi ebbero	condotto	essi condurrebbero	essi avrebbero	condotto

futuro semplice	futuro anteriore		imperativo presente	gerundio presente
io condurrò	io avrò	condotto		conducendo
tu condurrai	tu avrai	condotto	conduci (tu)	
egli condurrà	egli avrà	condotto	conduca (Lei)	
noi condurremo	noi avremo	condotto	conduciamo (noi)	gerundio passato
voi condurrete	voi avrete	condotto	conducete (voi)	avendo condotto
essi condurranno	essi avranno	condotto	conducano (Loro)	

infinito presente	infinito passato	participio presente	participio passato
condurre	aver condotto	conducente, conducenti	condotto, condotti condotta, condotte

Ainsi se conjuguent abdurre, addurre, autoridurre, circondurre, dedurre, indurre, introdurre, produrre, raddurre, ricondurre, ridurre, riprodurre, sedurre, tradurre.

conobbi, conosciuto

indicativo presente	passato prossimo		congiuntivo presente	congiuntivo passato	
io conosco	io ho	conosciuto	io conosca	io abbia	conosciuto
tu conosci	tu hai	conosciuto	tu conosca	tu abbia	conosciuto
egli conosce	egli ha	conosciuto	egli conosca	egli abbia	conosciuto
noi conosciamo	noi abbiamo	conosciuto	noi conosciamo	noi abbiamo	conosciuto
voi conoscete	voi avete	conosciuto	voi conosciate	voi abbiate	conosciuto
essi conoscono	essi hanno	conosciuto	essi conoscano	essi abbiano	conosciuto

indicativo imperfetto	trapassato prossimo		congiuntivo imperfetto	congiuntivo trapassato	
io conoscevo	io avevo	conosciuto	io conoscessi	io avessi	conosciuto
tu conoscevi	tu avevi	conosciuto	tu conoscessi	tu avessi	conosciuto
egli conosceva	egli aveva	conosciuto	egli conoscesse	egli avesse	conosciuto
noi conoscevamo	noi avevamo	conosciuto	noi conoscessimo	noi avessimo	conosciuto
voi conoscevate	voi avevate	conosciuto	voi conosceste	voi aveste	conosciuto
essi conoscevano	essi avevano	conosciuto	essi conoscessero	essi avessero	conosciuto

passato remoto	trapassato remoto		condizionale presente	condizionale passato	
io conobbi	io ebbi	conosciuto	io conoscerei	io avrei	conosciuto
tu conoscesti	tu avesti	conosciuto	tu conosceresti	tu avresti	conosciuto
egli conobbe	egli ebbe	conosciuto	egli conoscerebbe	egli avrebbe	conosciuto
noi conoscemmo	noi avemmo	conosciuto	noi conosceremmo	noi avremmo	conosciuto
voi conosceste	voi aveste	conosciuto	voi conoscereste	voi avreste	conosciuto
essi conobbero	essi ebbero	conosciuto	essi conoscerebbero	essi avrebbero	conosciuto

futuro semplice	futuro anteriore		imperativo presente	gerundio presente	
io conoscerò	io avrò	conosciuto		conoscendo	
tu conoscerai	tu avrai	conosciuto	conosci (tu)		
egli conoscerà	egli avrà	conosciuto	conosca (Lei)		
noi conosceremo	noi avremo	conosciuto	conosciamo (noi)	gerundio passato	
voi conoscerete	voi avrete	conosciuto	conoscete (voi)	avendo conosciuto	
essi conosceranno	essi avranno	conosciuto	conoscano (Loro)		

infinito presente	infinito passato	participio presente	participio passato
conoscere	aver conosciuto	conoscente, conoscenti	conosciuto, conosciuti conosciuta, conosciute

■ Ainsi se conjuguent disconoscere, misconoscere, riconoscere, sconoscere.

indicativo presente	passato prossimo		congiuntivo presente	congiuntivo passato	
io corro	io ho	corso	io corra	io abbia	corso
tu corri	tu hai	corso	tu corra	tu abbia	corso
egli corre	egli ha	corso	egli corra	egli abbia	corso
noi corriamo	noi abbiamo	corso	noi corriamo	noi abbiamo	corso
voi correte	voi avete	corso	voi corriate	voi abbiate	corso
essi corrono	essi hanno	corso	essi corrano	essi abbiano	corso

indicativo imperfetto	trapassato prossimo		congiuntivo imperfetto	congiuntivo trapassato	
io correvo	io avevo	corso	io corressi	io avessi	corso
tu correvi	tu avevi	corso	tu corressi	tu avessi	corso
egli correva	egli aveva	corso	egli corresse	egli avesse	corso
noi correvamo	noi avevamo	corso	noi corressimo	noi avessimo	corso
voi correvate	voi avevate	corso	voi correste	voi aveste	corso
essi correvano	essi avevano	corso	essi corressero	essi avessero	corso

passato remoto	trapassato remoto		condizionale presente	condizionale passato	
io corsi	io ebbi	corso	io correrei	io avrei	corso
tu corresti	tu avesti	corso	tu correresti	tu avresti	corso
egli corse	egli ebbe	corso	egli correrebbe	egli avrebbe	corso
noi corremmo	noi avemmo	corso	noi correremmo	noi avremmo	corso
voi correste	voi aveste	corso	voi correreste	voi avreste	corso
essi corsero	essi ebbero	corso	essi correrebbero	essi avrebbero	corso

futuro semplice	futuro anteriore		imperativo presente	gerundio presente
io correrò	io avrò	corso		correndo
tu correrai	tu avrai	corso	corri (tu)	
egli correrà	egli avrà	corso	corra (Lei)	
noi correremo	noi avremo	corso	corriamo (noi)	gerundio passato
voi correrete	voi avrete	corso	correte (voi)	
essi correranno	essi avranno	corso	corrano (Loro)	avendo corso

infinito presente	infinito passato	participio presente	participio passato
correre	aver corso	corrente, correnti	corso, corsi
			corsa, corse

Ainsi se conjuguent accorrere, concorrere, decorrere, discorrere, incorrere, intercorrere, percorrere, occorrere, precorrere, ricorrere, rincorrere, ripercorrere, riscorrere, scorrere, soccorrere, trascorrere, ridiscorrere.

crebbi, cresciuto

indicativo presente	passato prossimo		congiuntivo presente	congiuntivo passato	
io cresco	io sono	cresciuto	io cresca	io sia	cresciuto
tu cresci	tu sei	cresciuto	tu cresca	tu sia	cresciuto
egli cresce	egli è	cresciuto	egli cresca	egli sia	cresciuto
noi cresciamo	noi siamo	cresciuti	noi cresciamo	noi siamo	cresciuti
voi crescete	voi siete	cresciuti	voi cresciate	voi siate	cresciuti
essi cr**e**scono	essi sono	cresciuti	essi cr**e**scano	essi s**i**ano	cresciuti

indicativo imperfetto	trapassato prossimo		congiuntivo imperfetto	congiuntivo trapassato	
io crescevo	io ero	cresciuto	io crescessi	io fossi	cresciuto
tu crescevi	tu eri	cresciuto	tu crescessi	tu fossi	cresciuto
egli cresceva	egli era	cresciuto	egli crescesse	egli fosse	cresciuto
noi crescevamo	noi eravamo	cresciuti	noi crescessimo	noi f**o**ssimo	cresciuti
voi crescevate	voi eravate	cresciuti	voi cresceste	voi foste	cresciuti
essi cresc**e**vano	essi **e**rano	cresciuti	essi crescessero	essi fossero	cresciuti

passato remoto	trapassato remoto		condizionale presente	condizionale passato	
io crebbi	io fui	cresciuto	io crescerei	io sarei	cresciuto
tu crescesti	tu fosti	cresciuto	tu cresceresti	tu saresti	cresciuto
egli crebbe	egli fu	cresciuto	egli crescerebbe	egli sarebbe	cresciuto
noi crescemmo	noi fummo	cresciuti	noi cresceremmo	noi saremmo	cresciuti
voi cresceste	voi foste	cresciuti	voi crescereste	voi sareste	cresciuti
essi cr**e**bbero	essi fur**o**no	cresciuti	essi crescerebbero	essi sarebbero	cresciuti

futuro semplice	futuro anteriore		imperativo presente	gerundio presente	
io crescerò	io sarò	cresciuto		crescendo	
tu crescerai	tu sarai	cresciuto	cresci (tu)		
egli crescerà	egli sarà	cresciuto	cresca (Lei)		
noi cresceremo	noi saremo	cresciuti	cresciamo (noi)	gerundio passato	
voi crescerete	voi sarete	cresciuti	crescete (voi)	essendo cresciuto	
essi cresceranno	essi saranno	cresciuti	cr**e**scano (Loro)		

infinito presente	infinito passato	participio presente	participio passato
cr**e**scere	**e**sser cresciuto	crescente, crescenti	cresciuto, cresciuti
			cresciuta, cresciute

Mescere se conjugue sur le même modèle sauf aux formes suivantes du passé simple : *io mescei/mescetti, egli mescé/mescette, essi mesc**e**rono/mesc**e**ttero;* participe passé *mesciuto,* auxiliaire **avere.**

indicativo presente	passato prossimo		congiuntivo presente	congiuntivo passato	
io cuocio	io ho cotto		io cuocia	io abbia cotto	
tu cuoci	tu hai cotto		tu cuocia	tu abbia cotto	
egli cuoce	egli ha cotto		egli cuocia	egli abbia cotto	
noi c[u]ociamo	noi abbiamo cotto		noi c[u]ociamo	noi abbiamo cotto	
voi c[u]ocete	voi avete cotto		voi c[u]ociate	voi abbiate cotto	
essi cuociono	essi hanno cotto		essi cuociano	essi abbiano cotto	

indicativo imperfetto	trapassato prossimo		congiuntivo imperfetto	congiuntivo trapassato	
io c[u]ocevo	io avevo cotto		io c[u]ocessi	io avessi cotto	
tu c[u]ocevi	tu avevi cotto		tu c[u]ocessi	tu avessi cotto	
egli c[u]oceva	egli aveva cotto		egli c[u]ocesse	egli avesse cotto	
noi c[u]ocevamo	noi avevamo cotto		noi c[u]ocessimo	noi avessimo cotto	
voi c[u]ocevate	voi avevate cotto		voi c[u]oceste	voi aveste cotto	
essi c[u]ocevano	essi avevano cotto		essi c[u]ocessero	essi avessero cotto	

passato remoto	trapassato remoto		condizionale presente	condizionale passato	
io cossi	io ebbi cotto		io c[u]ocerei	io avrei cotto	
tu c[u]ocesti	tu avesti cotto		tu c[u]oceresti	tu avresti cotto	
egli cosse	egli ebbe cotto		egli c[u]ocerebbe	egli avrebbe cotto	
noi c[u]ocemmo	noi avemmo cotto		noi c[u]oceremmo	noi avremmo cotto	
voi c[u]oceste	voi aveste cotto		voi c[u]ocereste	voi avreste cotto	
essi cossero	essi ebbero cotto		essi c[u]ocerebbero	essi avrebbero cotto	

futuro semplice	futuro anteriore		imperativo presente	gerundio presente	
io c[u]ocerò	io avrò cotto			c[u]ocendo	
tu c[u]ocerai	tu avrai cotto		cuoci (tu)		
egli c[u]ocerà	egli avrà cotto		cuocia (Lei)		
noi c[u]oceremo	noi avremo cotto		c[u]ociamo (noi)	gerundio passato	
voi c[u]ocerete	voi avrete cotto		c[u]ocete (voi)		
essi c[u]oceranno	essi avranno cotto		cuociano (Loro)	avendo cotto	

infinito presente	infinito passato		participio presente	participio passato	
cuocere	aver cotto		c[u]ocente, c[u]ocenti	cotto, cotti cotta, cotte	

Les formes avec [u] se sont imposées dans l'usage contemporain; *cociamo, cocevo*... sont ressenties comme des formes archaïques ou dialectales. Par contre, on trouve couramment *cocente* au participe présent. (Voir Grammaire pages 29-30).

indicativo presente	passato prossimo		congiuntivo presente	congiuntivo passato	
io dico	io ho	detto	io dica	io abbia	detto
tu dici	tu hai	detto	tu dica	tu abbia	detto
egli dice	egli ha	detto	egli dica	egli abbia	detto
noi diciamo	noi abbiamo	detto	noi diciamo	noi abbiamo	detto
voi dite	voi avete	detto	voi diciate	voi abbiate	detto
essi dicono	essi hanno	detto	essi dicano	essi abbiano	detto

indicativo imperfetto	trapassato prossimo		congiuntivo imperfetto	congiuntivo trapassato	
io dicevo	io avevo	detto	io dicessi	io avessi	detto
tu dicevi	tu avevi	detto	tu dicessi	tu avessi	detto
egli diceva	egli aveva	detto	egli dicesse	egli avesse	detto
noi dicevamo	noi avevamo	detto	noi dicessimo	noi avessimo	detto
voi dicevate	voi avevate	detto	voi diceste	voi aveste	detto
essi dicevano	essi avevano	detto	essi dicessero	essi avessero	detto

passato remoto	trapassato remoto		condizionale presente	condizionale passato	
io dissi	io ebbi	detto	io direi	io avrei	detto
tu dicesti	tu avesti	detto	tu diresti	tu avresti	detto
egli disse	egli ebbe	detto	egli direbbe	egli avrebbe	detto
noi dicemmo	noi avemmo	detto	noi diremmo	noi avremmo	detto
voi diceste	voi aveste	detto	voi direste	voi avreste	detto
essi dissero	essi ebbero	detto	essi direbbero	essi avrebbero	detto

futuro semplice	futuro anteriore		imperativo presente	gerundio presente	
io dirò	io avrò	detto		dicendo	
tu dirai	tu avrai	detto	di', di (tu)		
egli dirà	egli avrà	detto	dica (Lei)	gerundio passato	
noi diremo	noi avremo	detto	diciamo (noi)	avendo detto	
voi direte	voi avrete	detto	dite (voi)		
essi diranno	essi avranno	detto	dicano (Loro)		

infinito presente	infinito passato	participio presente	participio passato
dire	aver detto	dicente, dicenti	detto, detti
			detta, dette

Ainsi se conjuguent dicere (forme archaïque de dire), addirsi, addire, contraddire. contradire, disdire, indire, interdire, predire, ridire

Benedire et strabenedire, maledire et stramaledire à l'imparfait et au passé simple ont une 2e forme employée surtout dans le langage populaire : imparfait : *io benedivo...* à la place de *io benedicevo* ; passé simple : *io benedii, tu benedisti, egli benedì,. noi benedimmo, voi benediste, essi benedirono* à la place de *io benedissi*.

indicativo presente	passato prossimo		congiuntivo presente	congiuntivo passato	
io dirigo	io ho	diretto	io diriga	io abbia	diretto
tu dirigi	tu hai	diretto	tu diriga	tu abbia	diretto
egli dirige	egli ha	diretto	egli diriga	egli abbia	diretto
noi dirigiamo	noi abbiamo	diretto	noi dirigiamo	noi abbiamo	diretto
voi dirigete	voi avete	diretto	voi dirigiate	voi abbiate	diretto
essi dirigono	essi hanno	diretto	essi dirigano	essi abbiano	diretto

indicativo imperfetto	trapassato prossimo		congiuntivo imperfetto	congiuntivo trapassato	
io dirigevo	io avevo	diretto	io dirigessi	io avessi	diretto
tu dirigevi	tu avevi	diretto	tu dirigessi	tu avessi	diretto
egli dirigeva	egli aveva	diretto	egli dirigesse	egli avesse	diretto
noi dirigevamo	noi avevamo	diretto	noi dirigessimo	noi avessimo	diretto
voi dirigevate	voi avevate	diretto	voi dirigeste	voi aveste	diretto
essi dirigevano	essi avevano	diretto	essi dirigessero	essi avessero	diretto

passato remoto	trapassato remoto		condizionale presente	condizionale passato	
io diressi	io ebbi	diretto	io dirigerei	io avrei	diretto
tu dirigesti	tu avesti	diretto	tu dirigeresti	tu avresti	diretto
egli diresse	egli ebbe	diretto	egli dirigerebbe	egli avrebbe	diretto
noi dirigemmo	noi avemmo	diretto	noi dirigeremmo	noi avremmo	diretto
voi dirigeste	voi aveste	diretto	voi dirigereste	voi avreste	diretto
essi diressero	essi ebbero	diretto	essi dirigerebbero	essi avrebbero	diretto

futuro semplice	futuro anteriore		imperativo presente	gerundio presente	
io dirigerò	io avrò	diretto		dirigendo	
tu dirigerai	tu avrai	diretto	dirigi (tu)		
egli dirigerà	egli avrà	diretto	diriga (Lei)		
noi dirigeremo	noi avremo	diretto	dirigiamo (noi)	gerundio passato	
voi dirigerete	voi avrete	diretto	dirigete (voi)	avendo diretto	
essi dirigeranno	essi avranno	diretto	dirigano (Loro)		

infinito presente	infinito passato	participio presente	participio passato
dirigere	aver diretto	dirigente, dirigenti	diretto, diretti
			diretta, dirette

■ Ainsi se conjuguent diligere, erigere, negligere, prediligere.

indicativo presente		passato prossimo		
io	discuto	io	ho	discusso
tu	discuti	tu	hai	discusso
egli	discute	egli	ha	discusso
noi	discutiamo	noi	abbiamo	discusso
voi	discutete	voi	avete	discusso
essi	discutono	essi	hanno	discusso

indicativo imperfetto		trapassato prossimo		
io	discutevo	io	avevo	discusso
tu	discutevi	tu	avevi	discusso
egli	discuteva	egli	aveva	discusso
noi	discutevamo	noi	avevamo	discusso
voi	discutevate	voi	avevate	discusso
essi	discutevano	essi	avevano	discusso

passato remoto		trapassato remoto		
io	discussi	io	ebbi	discusso
tu	discutesti	tu	avesti	discusso
egli	discusse	egli	ebbe	discusso
noi	discutemmo	noi	avemmo	discusso
voi	discuteste	voi	aveste	discusso
essi	discussero	essi	ebbero	discusso

futuro semplice		futuro anteriore		
io	discuterò	io	avrò	discusso
tu	discuterai	tu	avrai	discusso
egli	discuterà	egli	avrà	discusso
noi	discuteremo	noi	avremo	discusso
voi	discuterete	voi	avrete	discusso
essi	discuteranno	essi	avranno	discusso

infinito presente	infinito passato
discutere	aver discusso

congiuntivo presente		congiuntivo passato		
io	discuta	io	abbia	discusso
tu	discuta	tu	abbia	discusso
egli	discuta	egli	abbia	discusso
noi	discutiamo	noi	abbiamo	discusso
voi	discutiate	voi	abbiate	discusso
essi	discutano	essi	abbiano	discusso

congiuntivo imperfetto		congiuntivo trapassato		
io	discutessi	io	avessi	discusso
tu	discutessi	tu	avessi	discusso
egli	discutesse	egli	avesse	discusso
noi	discutessimo	noi	avessimo	discusso
voi	discuteste	voi	aveste	discusso
essi	discutessero	essi	avessero	discusso

condizionale presente		condizionale passato		
io	discuterei	io	avrei	discusso
tu	discuteresti	tu	avresti	discusso
egli	discuterebbe	egli	avrebbe	discusso
noi	discuteremmo	noi	avremmo	discusso
voi	discutereste	voi	avreste	discusso
essi	discuterebbero	essi	avrebbero	discusso

imperativo presente		gerundio presente
		discutendo
discuti	(tu)	
discuta	(Lei)	
discutiamo	(noi)	**gerundio passato**
discutete	(voi)	avendo discusso
discutano	(Loro)	

participio presente	participio passato
discutente, discutenti	discusso, discussi
	discussa, discusse

■ Ainsi se conjuguent escutere, incutere.

indicativo presente	passato prossimo
io distinguo	io ho distinto
tu distingui	tu hai distinto
egli distingue	egli ha distinto
noi distinguiamo	noi abbiamo distinto
voi distinguete	voi avete distinto
essi distinguono	essi hanno distinto

indicativo imperfetto	trapassato prossimo
io distinguevo	io avevo distinto
tu distinguevi	tu avevi distinto
egli distingueva	egli aveva distinto
noi distinguevamo	noi avevamo distinto
voi distinguevate	voi avevate distinto
essi distinguevano	essi avevano distinto

passato remoto	trapassato remoto
io distinsi	io ebbi distinto
tu distinguesti	tu avesti distinto
egli distinse	egli ebbe distinto
noi distinguemmo	noi avemmo distinto
voi distingueste	voi aveste distinto
essi distinsero	essi ebbero distinto

futuro semplice	futuro anteriore
io distinguerò	io avrò distinto
tu distinguerai	tu avrai distinto
egli distinguerà	egli avrà distinto
noi distingueremo	noi avremo distinto
voi distinguerete	voi avrete distinto
essi distingueranno	essi avranno distinto

infinito presente	infinito passato
distinguere	aver distinto

congiuntivo presente	congiuntivo passato
io distingua	io abbia distinto
tu distingua	tu abbia distinto
egli distingua	egli abbia distinto
noi distinguiamo	noi abbiamo distinto
voi distinguiate	voi abbiate distinto
essi distinguano	essi abbiano distinto

congiuntivo imperfetto	congiuntivo trapassato
io distinguessi	io avessi distinto
tu distinguessi	tu avessi distinto
egli distinguesse	egli avesse distinto
noi distinguessimo	noi avessimo distinto
voi distingueste	voi aveste distinto
essi distinguessero	essi avessero distinto

condizionale presente	condizionale passato
io distinguerei	io avrei distinto
tu distingueresti	tu avresti distinto
egli distinguerebbe	egli avrebbe distinto
noi distingueremmo	noi avremmo distinto
voi distinguereste	voi avreste distinto
essi distinguerebbero	essi avrebbero distinto

imperativo presente	gerundio presente
	distinguendo
distingui (tu)	
distingua (Lei)˙	gerundio passato
distinguiamo (noi)	avendo distinto
distinguete (voi)	
distinguano (Loro)	

participio presente	participio passato
distinguente,	distinto, distinti
distinguenti	distinta, distinte

indicativo presente		passato prossimo		
io	distruggo	io	ho	distrutto
tu	distruggi	tu	hai	distrutto
egli	distrugge	egli	ha	distrutto
noi	distruggiamo	noi	abbiamo	distrutto
voi	distruggete	voi	avete	distrutto
essi	distruggono	essi	hanno	distrutto

indicativo imperfetto		trapassato prossimo		
io	distruggevo	io	avevo	distrutto
tu	distruggevi	tu	avevi	distrutto
egli	distruggeva	egli	aveva	distrutto
noi	distruggevamo	noi	avevamo	distrutto
voi	distruggevate	voi	avevate	distrutto
essi	distruggevano	essi	avevano	distrutto

passato remoto		trapassato remoto		
io	distrussi	io	ebbi	distrutto
tu	distruggesti	tu	avesti	distrutto
egli	distrusse	egli	ebbe	distrutto
noi	distruggemmo	noi	avemmo	distrutto
voi	distruggeste	voi	aveste	distrutto
essi	distrussero	essi	ebbero	distrutto

futuro semplice		futuro anteriore		
io	distruggerò	io	avrò	distrutto
tu	distruggerai	tu	avrai	distrutto
egli	distruggerà	egli	avrà	distrutto
noi	distruggeremo	noi	avremo	distrutto
voi	distruggerete	voi	avrete	distrutto
essi	distruggeranno	essi	avranno	distrutto

infinito presente	infinito passato
distruggere	aver distrutto

congiuntivo presente		congiuntivo passato		
io	distrugga	io	abbia	distrutto
tu	distrugga	tu	abbia	distrutto
egli	distrugga	egli	abbia	distrutto
noi	distruggiamo	noi	abbiamo	distrutto
voi	distruggiate	voi	abbiate	distrutto
essi	distruggano	essi	abbiano	distrutto

congiuntivo imperfetto		congiuntivo trapassato		
io	distruggessi	io	avessi	distrutto
tu	distruggessi	tu	avessi	distrutto
egli	distruggesse	egli	avesse	distrutto
noi	distruggessimo	noi	avessimo	distrutto
voi	distruggeste	voi	aveste	distrutto
essi	distruggessero	essi	avessero	distrutto

condizionale presente		condizionale passato		
io	distruggerei	io	avrei	distrutto
tu	distruggeresti	tu	avresti	distrutto
egli	distruggerebbe	egli	avrebbe	distrutto
noi	distruggeremmo	noi	avremmo	distrutto
voi	distruggereste	voi	avreste	distrutto
essi	distruggerebbero	essi	avrebbero	distrutto

imperativo presente	gerundio presente
	distruggendo
distruggi (tu)	
distrugga (Lei)	
distruggiamo (noi)	gerundio passato
distruggete (voi)	avendo distrutto
distruggano (Loro)	

participio presente	participio passato
distruggente,	distrutto, distrutti
distruggenti	distrutta, distrutte

■ Ainsi se conjuguent ridistruggere, struggere.

indicativo presente	passato prossimo		congiuntivo presente	congiuntivo passato
io mi dolgo	io mi sono doluto		io mi dolga, doglia	io mi sia doluto
tu ti duoli	tu ti sei doluto		tu ti dolga, doglia	tu ti sia doluto
egli si duole	egli si è doluto		egli si dolga, doglia	egli si sia doluto
noi ci doliamo, dogliamo	noi ci siamo doluti		noi ci doliamo, dogliamo	noi ci siamo doluti
voi vi dolete	voi vi siete doluti		voi vi doliate, dogliate	voi vi siate doluti
essi si dolgono	essi si sono doluti		essi si dolgano	essi si siano doluti

indicativo imperfetto	trapassato prossimo		congiuntivo imperfetto	congiuntivo trapassato
io mi dolevo	io mi ero doluto		io mi dolessi	io mi fossi doluto
tu ti dolevi	tu ti eri doluto		tu ti dolessi	tu ti fossi doluto
egli si doleva	egli si era doluto		egli si dolesse	egli si fosse doluto
noi ci dolevamo	noi ci eravamo doluti		noi ci dolessimo	noi ci fossimo doluti
voi vi dolevate	voi vi eravate doluti		voi vi doleste	voi vi foste doluti
essi si dolevano	essi si erano doluti		essi si dolessero	essi si fossero doluti

passato remoto	trapassato remoto		condizionale presente	condizionale passato
io mi dolsi	io mi fui doluto		io mi dorrei	io mi sarei doluto
tu ti dolesti	tu ti fosti doluto		tu ti dorresti	tu ti saresti doluto
egli si dolse	egli si fu doluto		egli si dorrebbe	egli si sarebbe doluto
noi ci dolemmo	noi ci fummo doluti		noi ci dorremmo	noi ci saremmo doluti
voi vi doleste	voi vi foste doluti		voi vi dorreste	voi vi sareste doluti
essi si dolsero	essi si furono doluti		essi si dorrebbero	essi si sarebbero doluti

futuro semplice	futuro anteriore		imperativo presente	gerundio presente
io mi dorrò	io mi sarò doluto			dolendosi
tu ti dorrai	tu ti sarai doluto		duoliti (tu)	
egli si dorrà	egli si sarà doluto		si dolga (Lei)	
noi ci dorremo	noi ci saremo doluti		doliamoci (noi)	gerundio passato
voi vi dorrete	voi vi sarete doluti		doletevi (voi)	essendosi doluto
essi si dorranno	essi si saranno doluti		si dolgano (Loro)	

infinito presente	infinito passato		participio presente	participio passato
dolersi	essersi doluto		dolentesi, dolentisi	dolutosi, dolutisi, dolutasi, dolutesi

■ Dolersi peut s'employer à la forme intransitive non pronominale : *il dente duole*.
■ Ainsi se conjuguent condolersi, ridolere.

indicativo presente		passato prossimo			congiuntivo presente		congiuntivo passato	
io	devo, debbo	io	ho	dovuto	io	deva, debba	io	abbia	dovuto
tu	devi	tu	hai	dovuto	tu	deva, debba	tu	abbia	dovuto
egli	deve	egli	ha	dovuto	egli	deva, debba	egli	abbia	dovuto
noi	dobbiamo	noi	abbiamo	dovuto	noi	dobbiamo	noi	abbiamo	dovuto
voi	dovete	voi	avete	dovuto	voi	dobbiate	voi	abbiate	dovuto
essi	devono, debbono	essi	hanno	dovuto	essi	devano, debbano	essi	abbiano	dovuto

indicativo imperfetto		trapassato prossimo			congiuntivo imperfetto		congiuntivo trapassato	
io	dovevo	io	avevo	dovuto	io	dovessi	io	avessi	dovuto
tu	dovevi	tu	avevi	dovuto	tu	dovessi	tu	avessi	dovuto
egli	doveva	egli	aveva	dovuto	egli	dovesse	egli	avesse	dovuto
noi	dovevamo	noi	avevamo	dovuto	noi	dovessimo	noi	avessimo	dovuto
voi	dovevate	voi	avevate	dovuto	voi	doveste	voi	aveste	dovuto
essi	dovevano	essi	avevano	dovuto	essi	dovessero	essi	avessero	dovuto

passato remoto		trapassato remoto			condizionale presente		condizionale passato	
io	dovei, dovetti	io	ebbi	dovuto	io	dovrei	io	avrei	dovuto
tu	dovesti	tu	avesti	dovuto	tu	dovresti	tu	avresti	dovuto
egli	dové, dovette	egli	ebbe	dovuto	egli	dovrebbe	egli	avrebbe	dovuto
noi	dovemmo	noi	avemmo	dovuto	noi	dovremmo	noi	avremmo	dovuto
voi	doveste	voi	aveste	dovuto	voi	dovreste	voi	avreste	dovuto
essi	doverono, dovettero	essi	ebbero	dovuto	essi	dovrebbero	essi	avrebbero	dovuto

futuro semplice		futuro anteriore			imperativo presente	gerundio presente
io	dovrò	io	avrò	dovuto		dovendo
tu	dovrai	tu	avrai	dovuto	———	
egli	dovrà	egli	avrà	dovuto		
noi	dovremo	noi	avremo	dovuto		gerundio passato
voi	dovrete	voi	avrete	dovuto		avendo dovuto
essi	dovranno	essi	avranno	dovuto		

infinito presente	infinito passato		participio presente	participio passato
dovere	aver dovuto		———	dovuto, dovuti
				dovuta, dovute

Employé seul le verbe dovere se conjugue avec l'auxiliaire **avere** aux temps composés.
Suivi d'un autre verbe il prend l'auxiliaire qui convient à ce verbe.
Sono dovuto partire improvvisamente (sono partito).
Ho dovuto studiare la lezione (ho studiato).
Toutefois dans l'italien contemporain on a tendance à utiliser avere dans tous les cas.
Quand l'infinitif est un verbe réfléchi ou pronominal on emploie :
– l'auxiliaire **essere** si le pronom personnel complément précède le verbe : *Mi sono dovuto lavare.*
– l'auxiliaire **avere** si le pronom personnel complément suit le verbe : *Ho dovuto lavarmi.*

indicativo presente	passato prossimo		congiuntivo presente	congiuntivo passato	
io emergo	io sono emerso		io emerga	io sia emerso	
tu emergi	tu sei emerso		tu emerga	tu sia emerso	
egli emerge	egli è emerso		egli emerga	egli sia emerso	
noi emergiamo	noi siamo emersi		noi emergiamo	noi siamo emersi	
voi emergete	voi siete emersi		voi emergiate	voi siate emersi	
essi emergono	essi sono emersi		essi emergano	essi siano emersi	

indicativo imperfetto	trapassato prossimo		congiuntivo imperfetto	congiuntivo trapassato	
io emergevo	io ero emerso		io emergessi	io fossi emerso	
tu emergevi	tu eri emerso		tu emergessi	tu fossi emerso	
egli emergeva	egli era emerso		egli emergesse	egli fosse emerso	
noi emergevamo	noi eravamo emersi		noi emergessimo	noi fossimo emersi	
voi emergevate	voi eravate emersi		voi emergeste	voi foste emersi	
essi emergevano	essi erano emersi		essi emergessero	essi fossero emersi	

passato remoto	trapassato remoto		condizionale presente	condizionale passato	
io emersi	io fui emerso		io emergerei	io sarei emerso	
tu emergesti	tu fosti emerso		tu emergeresti	tu saresti emerso	
egli emerse	egli fu emerso		egli emergerebbe	egli sarebbe emerso	
noi emergemmo	noi fummo emersi		noi emergeremmo	noi saremmo emersi	
voi emergeste	voi foste emersi		voi emergereste	voi sareste emersi	
essi emersero	essi furono emersi		essi emergerebbero	essi sarebbero emersi	

futuro semplice	futuro anteriore		imperativo presente	gerundio presente	
io emergerò	io sarò emerso			emergendo	
tu emergerai	tu sarai emerso		emergi (tu)		
egli emergerà	egli sarà emerso		emerga (Lei)		
noi emergeremo	noi saremo emersi		emergiamo (noi)	gerundio passato	
voi emergerete	voi sarete emersi		emergete (voi)	essendo emerso	
essi emergeranno	essi saranno emersi		emergano (Loro)		

infinito presente	infinito passato		participio presente	participio passato	
emergere	essere emerso		emergente, emergenti	emerso, emersi	
				emersa, emerse	

■ Ainsi se conjuguent adergere, ergere, riergere mais leur participe passé est en **-to** : aderto, erto, rierto.

indicativo presente	passato prossimo				congiuntivo presente	congiuntivo passato		
io espando	io ho espanso				io espanda	io abbia espanso		
tu espandi	tu hai espanso				tu espanda	tu abbia espanso		
egli espande	egli ha espanso				egli espanda	egli abbia espanso		
noi espandiamo	noi abbiamo espanso				noi espandiamo	noi abbiamo espanso		
voi espandete	voi avete espanso				voi espandiate	voi abbiate espanso		
essi espandono	essi hanno espanso				essi espandano	essi abbiano espanso		

indicativo imperfetto	trapassato prossimo				congiuntivo imperfetto	congiuntivo trapassato		
io espandevo	io avevo espanso				io espandessi	io avessi espanso		
tu espandevi	tu avevi espanso				tu espandessi	tu avessi espanso		
egli espandeva	egli aveva espanso				egli espandesse	egli avesse espanso		
noi espandevamo	noi avevamo espanso				noi espandessimo	noi avessimo espanso		
voi espandevate	voi avevate espanso				voi espandeste	voi aveste espanso		
essi espandevano	essi avevano espanso				essi espandessero	essi avessero espanso		

passato remoto	trapassato remoto				condizionale presente	condizionale passato		
io espansi[1]	io ebbi espanso				io espanderei	io avrei espanso		
tu espandesti	tu avesti espanso				tu espanderesti	tu avresti espanso		
egli espanse[1]	egli ebbe espanso				egli espanderebbe	egli avrebbe espanso		
noi espandemmo	noi avemmo espanso				noi espanderemmo	noi avremmo espanso		
voi espandeste	voi aveste espanso				voi espandereste	voi avreste espanso		
essi espansero[1]	essi ebbero espanso				essi espanderebbero	essi avrebbero espanso		

futuro semplice	futuro anteriore				imperativo presente	gerundio presente		
io espanderò	io avrò espanso					espandendo		
tu espanderai	tu avrai espanso				espandi (tu)			
egli espanderà	egli avrà espanso				espanda (Lei)			
noi espanderemo	noi avremo espanso				espandiamo (noi)	gerundio passato		
voi espanderete	voi avrete espanso				espandete (voi)	avendo espanso		
essi espanderanno	essi avranno espanso				espandano (Loro)			

infinito presente	infinito passato				participio presente	participio passato		
espandere	aver espanso				espandente, espandenti	espanso, espansi[2] espansa, espanse		

Ainsi se conjuguent : spandere, passé simple : *io spandei, egli spandette, essi spandettero;* participe passé : *spanto* (rare : *spanduto*) et scandere qui n'a pas de participe passé, passé simple : *io scandei/scandetti, egli scandé/scandette, essi scanderono/scandettero.*

1) Autres formes du passé simple (rares) : *io espandetti/espandei, egli espandette/espandé, essi espandettero/espanderono.*
2) Autre forme du participe passé (rare) : *espanto.*

98

indicativo presente	passato prossimo		congiuntivo presente	congiuntivo passato	
io espello	io ho	espulso	io espella	io abbia	espulso
tu espelli	tu hai	espulso	tu espella	tu abbia	espulso
egli espelle	egli ha	espulso	egli espella	egli abbia	espulso
noi espelliamo	noi abbiamo	espulso	noi espelliamo	noi abbiamo	espulso
voi espellete	voi avete	espulso	voi espelliate	voi abbiate	espulso
essi espellono	essi hanno	espulso	essi espellano	essi abbiano	espulso

indicativo imperfetto	trapassato prossimo		congiuntivo imperfetto	congiuntivo trapassato	
io espellevo	io avevo	espulso	io espellessi	io avessi	espulso
tu espellevi	tu avevi	espulso	tu espellessi	tu avessi	espulso
egli espelleva	egli aveva	espulso	egli espellesse	egli avesse	espulso
noi espellevamo	noi avevamo	espulso	noi espellessimo	noi avessimo	espulso
voi espellevate	voi avevate	espulso	voi espelleste	voi aveste	espulso
essi espellevano	essi avevano	espulso	essi espellessero	essi avessero	espulso

passato remoto	trapassato remoto		condizionale presente	condizionale passato	
io espulsi	io ebbi	espulso	io espellerei	io avrei	espulso
tu espellesti	tu avesti	espulso	tu espelleresti	tu avresti	espulso
egli espulse	egli ebbe	espulso	egli espellerebbe	egli avrebbe	espulso
noi espellemmo	noi avemmo	espulso	noi espelleremmo	noi avremmo	espulso
voi espelleste	voi aveste	espulso	voi espellereste	voi avreste	espulso
essi espulsero	essi ebbero	espulso	essi espellerebbero	essi avrebbero	espulso

futuro semplice	futuro anteriore		imperativo presente	gerundio presente
io espellerò	io avrò	espulso		espellendo
tu espellerai	tu avrai	espulso	espelli (tu)	
egli espellerà	egli avrà	espulso	espella (Lei)	
noi espelleremo	noi avremo	espulso	espelliamo (noi)	gerundio passato
voi espellerete	voi avrete	espulso	espellete (voi)	avendo espulso
essi espelleranno	essi avranno	espulso	espellano (Loro)	

infinito presente	infinito passato	participio presente	participio passato
espellere	aver espulso	espellente, espellenti	espulso, espulsi espulsa, espulse

■ Ainsi se conjuguent impellere, propellere, repellere, riespellere.

indicativo presente	passato prossimo		congiuntivo presente	congiuntivo passato	
io esplodo	io ho	esploso	io esploda	io abbia	esploso
tu esplodi	tu hai	esploso	tu esploda	tu abbia	esploso
egli esplode	egli ha	esploso	egli esploda	egli abbia	esploso
noi esplodiamo	noi abbiamo	esploso	noi esplodiamo	noi abbiamo	esploso
voi esplodete	voi avete	esploso	voi esplodiate	voi abbiate	esploso
essi esplodono	essi hanno	esploso	essi esplodano	essi abbiano	esploso

indicativo imperfetto	trapassato prossimo		congiuntivo imperfetto	congiuntivo trapassato	
io esplodevo	io avevo	esploso	io esplodessi	io avessi	esploso
tu esplodevi	tu avevi	esploso	tu esplodessi	tu avessi	esploso
egli esplodeva	egli aveva	esploso	egli esplodesse	egli avesse	esploso
noi esplodevamo	noi avevamo	esploso	noi esplodessimo	noi avessimo	esploso
voi esplodevate	voi avevate	esploso	voi esplodeste	voi aveste	esploso
essi esplodevano	essi avevano	esploso	essi esplodessero	essi avessero	esploso

passato remoto	trapassato remoto		condizionale presente	condizionale passato	
io esplosi	io ebbi	esploso	io esploderei	io avrei	esploso
tu esplodesti	tu avesti	esploso	tu esploderesti	tu avresti	esploso
egli esplose	egli ebbe	esploso	egli esploderebbe	egli avrebbe	esploso
noi esplodemmo	noi avemmo	esploso	noi esploderemmo	noi avremmo	esploso
voi esplodeste	voi aveste	esploso	voi esplodereste	voi avreste	esploso
essi esplosero	essi ebbero	esploso	essi esploderebbero	essi avrebbero	esploso

futuro semplice	futuro anteriore		imperativo presente	gerundio presente
io esploderò	io avrò	esploso		esplodendo
tu esploderai	tu avrai	esploso	esplodi (tu)	
egli esploderà	egli avrà	esploso	esploda (Lei)	
noi esploderemo	noi avremo	esploso	esplodiamo (noi)	gerundio passato
voi esploderete	voi avrete	esploso	esplodete (voi)	avendo esploso
essi esploderanno	essi avranno	esploso	esplodano (Loro)	

infinito presente	infinito passato	participio presente	participio passato
esplodere	aver esploso	esplodente, esplodenti	esploso, esplosi esplosa, esplose

Esplodere peut avoir comme auxiliaire :
– **essere** s'il se rapporte à des matières explosives : *La dinamite è esplosa;* au sens figuré : *L'estate è esplosa;*
– **avere** s'il se rapporte à une arme : *Ha esploso un colpo di rivoltella.*

indicativo presente	passato prossimo		congiuntivo presente	congiuntivo passato	
io faccio[1]	io ho	fatto	io faccia	io abbia	fatto
tu fai	tu hai	fatto	tu faccia	tu abbia	fatto
egli fa	egli ha	fatto	egli faccia	egli abbia	fatto
noi facciamo	noi abbiamo	fatto	noi facciamo	noi abbiamo	fatto
voi fate	voi avete	fatto	voi facciate	voi abbiate	fatto
essi fanno	essi hanno	fatto	essi facciano	essi abbiano	fatto

indicativo imperfetto	trapassato prossimo		congiuntivo imperfetto	congiuntivo trapassato	
io facevo	io avevo	fatto	io facessi	io avessi	fatto
tu facevi	tu avevi	fatto	tu facessi	tu avessi	fatto
egli faceva	egli aveva	fatto	egli facesse	egli avesse	fatto
noi facevamo	noi avevamo	fatto	noi facessimo	noi avessimo	fatto
voi facevate	voi avevate	fatto	voi faceste	voi aveste	fatto
essi facevano	essi avevano	fatto	essi facessero	essi avessero	fatto

passato remoto	trapassato remoto		condizionale presente	condizionale passato	
io feci	io ebbi	fatto	io farei	io avrei	fatto
tu facesti	tu avesti	fatto	tu faresti	tu avresti	fatto
egli fece	egli ebbe	fatto	egli farebbe	egli avrebbe	fatto
noi facemmo	noi avemmo	fatto	noi faremmo	noi avremmo	fatto
voi faceste	voi aveste	fatto	voi fareste	voi avreste	fatto
essi fecero	essi ebbero	fatto	essi farebbero	essi avrebbero	fatto

futuro semplice	futuro anteriore		imperativo presente	gerundio presente	
io farò	io avrò	fatto		facendo	
tu farai	tu avrai	fatto	fa', fai (tu)		
egli farà	egli avrà	fatto	faccia (Lei)		
noi faremo	noi avremo	fatto	facciamo (noi)	gerundio passato	
voi farete	voi avrete	fatto	fate (voi)	avendo fatto	
essi faranno	essi avranno	fatto	facciano (Loro)		

infinito presente	infinito passato	participio presente	participio passato
fare	aver fatto	facente, facenti	fatto, fatti
			fatta, fatte

Le verbe fare employé à la forme impersonnelle se conjugue avec l'auxiliaire **avere** : *Ha fatto bel tempo.*
Ainsi se conjuguent artefare, assuefare, confarsi, disassuefare, disfare, dissuefare, liquefare, mansuefare, putrefare, rarefare, rifare, soddisfare, sodisfare, sopraffare, strafare, stupefare.
Cependant ces verbes ont un accent graphique aux 1re et 3e personnes du singulier du présent de l'indicatif : *io artefaccio/artefò, egli artefà.*

1) Forme littéraire ancienne : fo.

indicativo presente	passato prossimo		congiuntivo presente	congiuntivo passato	
io fletto	io ho	flesso	io fletta	io abbia	flesso
tu fletti	tu hai	flesso	tu fletta	tu abbia	flesso
egli flette	egli ha	flesso	egli fletta	egli abbia	flesso
noi flettiamo	noi abbiamo	flesso	noi flettiamo	noi abbiamo	flesso
voi flettete	voi avete	flesso	voi flettiate	voi abbiate	flesso
essi flettono	essi hanno	flesso	essi flettano	essi abbiano	flesso

indicativo imperfetto	trapassato prossimo		congiuntivo imperfetto	congiuntivo trapassato	
io flettevo	io avevo	flesso	io flettessi	io avessi	flesso
tu flettevi	tu avevi	flesso	tu flettessi	tu avessi	flesso
egli fletteva	egli aveva	flesso	egli flettesse	egli avesse	flesso
noi flettevamo	noi avevamo	flesso	noi flettessimo	noi avessimo	flesso
voi flettevate	voi avevate	flesso	voi fletteste	voi aveste	flesso
essi flettevano	essi avevano	flesso	essi flettessero	essi avessero	flesso

passato remoto	trapassato remoto		condizionale presente	condizionale passato	
io flessi, flettei	io ebbi	flesso	io fletterei	io avrei	flesso
tu flettesti	tu avesti	flesso	tu fletteresti	tu avresti	flesso
egli flesse, fletté	egli ebbe	flesso	egli fletterebbe	egli avrebbe	flesso
noi flettemmo	noi avemmo	flesso	noi fletteremmo	noi avremmo	flesso
voi fletteste	voi aveste	flesso	voi flettereste	voi avreste	flesso
essi flessero, fletterono	essi ebbero	flesso	essi fletterebbero	essi avrebbero	flesso

futuro semplice	futuro anteriore		imperativo presente	gerundio presente
io fletterò	io avrò	flesso		flettendo
tu fletterai	tu avrai	flesso		
egli fletterà	egli avrà	flesso	fletti (tu)	
noi fletteremo	noi avremo	flesso	fletta (Lei)	gerundio passato
voi fletterete	voi avrete	flesso	flettiamo (noi)	
essi fletteranno	essi avranno	flesso	flettete (voi)	avendo flesso
			flettano (Loro)	

infinito presente	infinito passato	particIpio presente	participio passato
flettere	aver flesso	flettente, flettenti	flesso, flessi
			flessa, flesse

Ainsi se conjuguent annettere, disconnettere, riannettere, riconnettere, sconnettere, connettere, deflettere, inflettere, mais au passé simple uniquement la 1re forme : *io connessi*.
Genuflettersi peut utiliser les deux formes du passé simple.
Riflettere lorsqu'il signifie **réfléchir/méditer** se conjugue au passé simple sur la 2e forme : *io riflettei* ; participe passé : *riflettuto*.
Quand il a le sens de **réfléchir/refléter/renvoyer**, passé simple : *io riflessi* ; participe passé : *riflesso*.

FONDERE/FONDRE **54**

indicativo presente	passato prossimo		congiuntivo presente	congiuntivo passato	
io fondo	io ho	fuso	io fonda	io abbia	fuso
tu fondi	tu hai	fuso	tu fonda	tu abbia	fuso
egli fonde	egli ha	fuso	egli fonda	egli abbia	fuso
noi fondiamo	noi abbiamo	fuso	noi fondiamo	noi abbiamo	fuso
voi fondete	voi avete	fuso	voi fondiate	voi abbiate	fuso
essi fondono	essi hanno	fuso	essi fondano	essi abbiano	fuso

indicativo imperfetto	trapassato prossimo		congiuntivo imperfetto	congiuntivo trapassato	
io fondevo	io avevo	fuso	io fondessi	io avessi	fuso
tu fondevi	tu avevi	fuso	tu fondessi	tu avessi	fuso
egli fondeva	egli aveva	fuso	egli fondesse	egli avesse	fuso
noi fondevamo	noi avevamo	fuso	noi fondessimo	noi avessimo	fuso
voi fondevate	voi avevate	fuso	voi fondeste	voi aveste	fuso
essi fondevano	essi avevano	fuso	essi fondessero	essi avessero	fuso

passato remoto	trapassato remoto		condizionale presente	condizionale passato	
io fusi	io ebbi	fuso	io fonderei	io avrei	fuso
tu fondesti	tu avesti	fuso	tu fonderesti	tu avresti	fuso
egli fuse	egli ebbe	fuso	egli fonderebbe	egli avrebbe	fuso
noi fondemmo	noi avemmo	fuso	noi fonderemmo	noi avremmo	fuso
voi fondeste	voi aveste	fuso	voi fondereste	voi avreste	fuso
essi fusero	essi ebbero	fuso	essi fonderebbero	essi avrebbero	fuso

futuro semplice	futuro anteriore		imperativo presente	gerundio presente	
io fonderò	io avrò	fuso		fondendo	
tu fonderai	tu avrai	fuso	fondi (tu)		
egli fonderà	egli avrà	fuso	fonda (Lei)		
noi fonderemo	noi avremo	fuso	fondiamo (noi)	gerundio passato	
voi fonderete	voi avrete	fuso	fondete (voi)	avendo fuso	
essi fonderanno	essi avranno	fuso	fondano (Loro)		

infinito presente	infinito passato	particip io presente	particip io passato
fondere	aver fuso	fondente, fondenti	fuso, fusi
			fusa, fuse

Ainsi se conjuguent confondere, diffondere, circonfondere, effondere, infondere, profondere, rifondere, soffondere, trasfondere, contundere, ottundere (avec un **-u-** dans le radical à la place du **-o-**).
Tondere, sauf au passé simple (régulier) : *io tondei, tu tondesti, egli tondé, noi tondemmo, voi tondeste, essi tonderono;* participe passé (régulier) : *tonduto.*

indicativo presente	passato prossimo		congiuntivo presente	congiuntivo passato	
io giungo	io sono	giunto	io giunga	io sia	giunto
tu giungi	tu sei	giunto	tu giunga	tu sia	giunto
egli giunge	egli è	giunto	egli giunga	egli sia	giunto
noi giungiamo	noi siamo	giunti	noi giungiamo	noi siamo	giunti
voi giungete	voi siete	giunti	voi giungiate	voi siete	giunti
essi giungono	essi sono	giunti	essi giungano	essi siano	giunti

indicativo imperfetto	trapassato prossimo		congiuntivo imperfetto	congiuntivo trapassato	
io giungevo	io ero	giunto	io giungessi	io fossi	giunto
tu giungevi	tu eri	giunto	tu giungessi	tu fossi	giunto
egli giungeva	egli era	giunto	egli giungesse	egli fosse	giunto
noi giungevamo	noi eravamo	giunti	noi giungessimo	noi fossimo	giunti
voi giungevate	voi eravate	giunti	voi giungeste	voi foste	giunti
essi giungevano	essi erano	giunti	essi giungessero	essi fossero	giunti

passato remoto	trapassato remoto		condizionale presente	condizionale passato	
io giunsi	io fui	giunto	io giungerei	io sarei	giunto
tu giungesti	tu fosti	giunto	tu giungeresti	tu saresti	giunto
egli giunse	egli fu	giunto	egli giungerebbe	egli sarebbe	giunto
noi giungemmo	noi fummo	giunti	noi giungeremmo	noi saremmo	giunti
voi giungeste	voi foste	giunti	voi giungereste	voi sareste	giunti
essi giunsero	essi furono	giunti	essi giungerebbero	essi sarebbero	giunti

futuro semplice	futuro anteriore		imperativo presente	gerundio presente
io giungerò	io sarò	giunto		giungendo
tu giungerai	tu sarai	giunto	giungi (tu)	
egli giungerà	egli sarà	giunto	giunga (Lei)	
noi giungeremo	noi saremo	giunti	giungiamo (noi)	gerundio passato
voi giungerete	voi sarete	giunti	giungete (voi)	essendo giunto
essi giungeranno	essi saranno	giunti	giungano (Loro)	

infinito presente	infinito passato	participio presente	participio passato
giungere	essere giunto	giungente, giungenti	giunto, giunti
			giunta, giunte

indicativo presente	passato prossimo		congiuntivo presente	congiuntivo passato	
io leggo	io ho	letto	io legga	io abbia	letto
tu leggi	tu hai	letto	tu legga	tu abbia	letto
egli legge	egli ha	letto	egli legga	egli abbia	letto
noi leggiamo	noi abbiamo	letto	noi leggiamo	noi abbiamo	letto
voi leggete	voi avete	letto	voi leggiate	voi abbiate	letto
essi leggono	essi hanno	letto	essi leggano	essi abbiano	letto

indicativo imperfetto	trapassato prossimo		congiuntivo imperfetto	congiuntivo trapassato	
io leggevo	io avevo	letto	io leggessi	io avessi	letto
tu leggevi	tu avevi	letto	tu leggessi	tu avessi	letto
egli leggeva	egli aveva	letto	egli leggesse	egli avesse	letto
noi leggevamo	noi avevamo	letto	noi leggessimo	noi avessimo	letto
voi leggevate	voi avevate	letto	voi leggeste	voi aveste	letto
essi leggevano	essi avevano	letto	essi leggessero	essi avessero	letto

passato remoto	trapassato remoto		condizionale presente	condizionale passato	
io lessi	io ebbi	letto	io leggerei	io avrei	letto
tu leggesti	tu avesti	letto	tu leggeresti	tu avresti	letto
egli lesse	egli ebbe	letto	egli leggerebbe	egli avrebbe	letto
noi leggemmo	noi avemmo	letto	noi leggeremmo	noi avremmo	letto
voi leggeste	voi aveste	letto	voi leggereste	voi avreste	letto
essi lessero	essi ebbero	letto	essi leggerebbero	essi avrebbero	letto

futuro semplice	futuro anteriore		imperativo presente	gerundio presente	
io leggerò	io avrò	letto		leggendo	
tu leggerai	tu avrai	letto	leggi (tu)		
egli leggerà	egli avrà	letto	legga (Lei)		
noi leggeremo	noi avremo	letto	leggiamo (noi)	gerundio passato	
voi leggerete	voi avrete	letto	leggete (voi)	avendo letto	
essi leggeranno	essi avranno	letto	leggano (Loro)		

infinito presente	infinito passato		participio presente	participio passato	
leggere	aver letto		leggente, leggenti	letto, letti	
				letta, lette	

indicativo presente	passato prossimo		congiuntivo presente	congiuntivo passato	
io metto	io ho	messo	io metta	io abbia	messo
tu metti	tu hai	messo	tu metta	tu abbia	messo
egli mette	egli ha	messo	egli metta	egli abbia	messo
noi mettiamo	noi abbiamo	messo	noi mettiamo	noi abbiamo	messo
voi mettete	voi avete	messo	voi mettiate	voi abbiate	messo
essi mettono	essi hanno	messo	essi mettano	essi abbiano	messo

indicativo imperfetto	trapassato prossimo		congiuntivo imperfetto	congiuntivo trapassato	
io mettevo	io avevo	messo	io mettessi	io avessi	messo
tu mettevi	tu avevi	messo	tu mettessi	tu avessi	messo
egli metteva	egli aveva	messo	egli mettesse	egli avesse	messo
noi mettevamo	noi avevamo	messo	noi mettessimo	noi avessimo	messo
voi mettevate	voi avevate	messo	voi metteste	voi aveste	messo
essi mettevano	essi avevano	messo	essi mettessero	essi avessero	messo

passato remoto	trapassato remoto		condizionale presente	condizionale passato	
io misi [1]	io ebbi	messo	io metterei	io avrei	messo
tu mettesti	tu avesti	messo	tu metteresti	tu avresti	messo
egli mise [1]	egli ebbe	messo	egli metterebbe	egli avrebbe	messo
noi mettemmo	noi avemmo	messo	noi metteremmo	noi avremmo	messo
voi metteste	voi aveste	messo	voi mettereste	voi avreste	messo
essi misero [1]	essi ebbero	messo	essi metterebbero	essi avrebbero	messo

futuro semplice	futuro anteriore		imperativo presente	gerundio presente
io metterò	io avrò	messo		mettendo
tu metterai	tu avrai	messo	metti (tu)	
egli metterà	egli avrà	messo	metta (Lei)	
noi metteremo	noi avremo	messo	mettiamo (noi)	gerundio passato
voi metterete	voi avrete	messo	mettete (voi)	avendo messo
essi metteranno	essi avranno	messo	mettano (Loro)	

infinito presente	infinito passato	participio presente	participio passato
mettere	aver messo	mettente, mettenti	messo, messi
		mittente, mittenti [2]	messa, messe

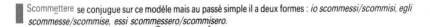

Scommettere se conjugue sur ce modèle mais au passé simple il a deux formes : *io scommessi/scommisi, egli scommesse/scommise, essi scommessero/scommisero.*

1) Dans le toscan populaire : *io messi, egli messe, essi messero.*
2) Cette forme s'utilise uniquement comme adjectif ou comme nom : expéditeur.

indicativo presente		passato prossimo			congiuntivo presente		congiuntivo passato	
io	muovo	io	ho	mosso	io	muova	io	abbia	mosso
tu	muovi	tu	hai	mosso	tu	muova	tu	abbia	mosso
egli	muove	egli	ha	mosso	egli	muova	egli	abbia	mosso
noi	m[u]oviamo	noi	abbiamo	mosso	noi	m[u]oviamo	noi	abbiamo	mosso
voi	m[u]ovete	voi	avete	mosso	voi	m[u]oviate	voi	abbiate	mosso
essi	muovono	essi	hanno	mosso	essi	muovano	essi	abbiano	mosso

indicativo imperfetto		trapassato prossimo			congiuntivo imperfetto		congiuntivo trapassato	
io	m[u]ovevo	io	avevo	mosso	io	m[u]ovessi	io	avessi	mosso
tu	m[u]ovevi	tu	avevi	mosso	tu	m[u]ovessi	tu	avessi	mosso
egli	m[u]oveva	egli	aveva	mosso	egli	m[u]ovesse	egli	avesse	mosso
noi	m[u]ovevamo	noi	avevamo	mosso	noi	m[u]ovessimo	noi	avessimo	mosso
voi	m[u]ovevate	voi	avevate	mosso	voi	m[u]oveste	voi	aveste	mosso
essi	m[u]ovevano	essi	avevano	mosso	essi	m[u]ovessero	essi	avessero	mosso

passato remoto		trapassato remoto			condizionale presente		condizionale passato	
io	mossi	io	ebbi	mosso	io	m[u]overei	io	avrei	mosso
tu	m[u]ovesti	tu	avesti	mosso	tu	m[u]overesti	tu	avresti	mosso
egli	mosse	egli	ebbe	mosso	egli	m[u]overebbe	egli	avrebbe	mosso
noi	m[u]ovemmo	noi	avemmo	mosso	noi	m[u]overemmo	noi	avremmo	mosso
voi	m[u]oveste	voi	aveste	mosso	voi	m[u]overeste	voi	avreste	mosso
essi	mossero	essi	ebbero	mosso	essi	m[u]overebbero	essi	avrebbero	mosso

futuro semplice		futuro anteriore			imperativo presente		gerundio presente	
io	m[u]overò	io	avrò	mosso			m[u]ovendo	
tu	m[u]overai	tu	avrai	mosso				
egli	m[u]overà	egli	avrà	mosso	muovi	(tu)		
noi	m[u]overemo	noi	avremo	mosso	muova	(Lei)		
voi	m[u]overete	voi	avrete	mosso	m[u]oviamo	(noi)	gerundio passato	
essi	m[u]overanno	essi	avranno	mosso	m[u]ovete	(voi)	avendo mosso	
					muovano	(Loro)		

infinito presente	infinito passato		particizio presente	particizio passato
muovere	aver mosso		m[u]ovente,	mosso, mossi
			m[u]oventi	mossa, mosse

Les formes en [u] se sont imposées dans l'italien contemporain : *noi muoviamo* au lieu de *noi moviamo.*
Ainsi se conjuguent promuovere, rimuovere, smuovere, sommuovere, scommuovere.
Participe présent de commuovere : *commovente.* (Voir Grammaire page 29).

indicativo presente		passato prossimo		
io	nasco	io	sono	nato
tu	nasci	tu	sei	nato
egli	nasce	egli	è	nato
noi	nasciamo	noi	siamo	nati
voi	nascete	voi	siete	nati
essi	nascono	essi	sono	nati

indicativo imperfetto		trapassato prossimo		
io	nascevo	io	ero	nato
tu	nascevi	tu	eri	nato
egli	nasceva	egli	era	nato
noi	nascevamo	noi	eravamo	nati
voi	nascevate	voi	eravate	nati
essi	nascevano	essi	erano	nati

passato remoto		trapassato remoto		
io	nacqui	io	fui	nato
tu	nascesti	tu	fosti	nato
egli	nacque	egli	fu	nato
noi	nascemmo	noi	fummo	nati
voi	nasceste	voi	foste	nati
essi	nacquero	essi	furono	nati

futuro semplice		futuro anteriore		
io	nascerò	io	sarò	nato
tu	nascerai	tu	sarai	nato
egli	nascerà	egli	sarà	nato
noi	nasceremo	noi	saremo	nati
voi	nascerete	voi	sarete	nati
essi	nasceranno	essi	saranno	nati

infinito presente	infinito passato
nascere	essere nato

congiuntivo presente		congiuntivo passato		
io	nasca	io	sia	nato
tu	nasca	tu	sia	nato
egli	nasca	egli	sia	nato
noi	nasciamo	noi	siamo	nati
voi	nasciate	voi	siate	nati
essi	nascano	essi	siano	nati

congiuntivo imperfetto		congiuntivo trapassato		
io	nascessi	io	fossi	nato
tu	nascessi	tu	fossi	nato
egli	nascesse	egli	fosse	nato
noi	nascessimo	noi	fossimo	nati
voi	nasceste	voi	foste	nati
essi	nascessero	essi	fossero	nati

condizionale presente		condizionale passato		
io	nascerei	io	sarei	nato
tu	nasceresti	tu	saresti	nato
egli	nascerebbe	egli	sarebbe	nato
noi	nasceremmo	noi	saremmo	nati
voi	nascereste	voi	sareste	nati
essi	nascerebbero	essi	sarebbero	nati

imperativo presente		gerundio presente
		nascendo
nasci	(tu)	
nasca	(Lei)	
nasciamo	(noi)	gerundio passato
nascete	(voi)	essendo nato
nascano	(Loro)	

participio presente	participio passato
nascente, nascenti	nato, nati
	nata, nate

Pascere se conjugue sur le même modèle, sauf au passé simple : *io pascei, tu pascesti, egli pascé, noi pascemmo, voi pasceste, essi pascerono;* participe passé : *pasciuto.*

indicativo presente	passato prossimo		congiuntivo presente	congiuntivo passato	
io n[u]occio	io ho	n[u]ociuto	io nuoccia	io abbia	n[u]ociuto
tu nuoci	tu hai	n[u]ociuto	tu nuoccia	tu abbia	n[u]ociuto
egli nuoce	egli ha	n[u]ociuto	egli nuoccia	egli abbia	n[u]ociuto
noi n[u]ociamo	noi abbiamo	n[u]ociuto	noi n[u]ociamo	noi abbiamo	n[u]ociuto
voi n[u]ocete	voi avete	n[u]ociuto	voi n[u]ociate	voi abbiate	n[u]ociuto
essi n[u]occiono	essi hanno	n[u]ociuto	essi nuocciano	essi abbiano	n[u]ociuto

indicativo imperfetto	trapassato prossimo		congiuntivo imperfetto	congiuntivo trapassato	
io n[u]ocevo	io avevo	n[u]ociuto	io n[u]ocessi	io avessi	n[u]ociuto
tu n[u]ocevi	tu avevi	n[u]ociuto	tu n[u]ocessi	tu avessi	n[u]ociuto
egli n[u]oceva	egli aveva	n[u]ociuto	egli n[u]ocesse	egli avesse	n[u]ociuto
noi n[u]ocevamo	noi avevamo	n[u]ociuto	noi n[u]ocessimo	noi avessimo	n[u]ociuto
voi n[u]ocevate	voi avevate	n[u]ociuto	voi n[u]oceste	voi aveste	n[u]ociuto
essi n[u]ocevano	essi avevano	n[u]ociuto	essi n[u]ocessero	essi avessero	n[u]ociuto

passato remoto	trapassato remoto		condizionale presente	condizionale passato	
io nocqui	io ebbi	n[u]ociuto	io n[u]ocerei	io avrei	n[u]ociuto
tu n[u]ocesti	tu avesti	n[u]ociuto	tu n[u]oceresti	tu avresti	n[u]ociuto
egli nocque	egli ebbe	n[u]ociuto	egli n[u]ocerebbe	egli avrebbe	n[u]ociuto
noi n[u]ocemmo	noi avemmo	n[u]ociuto	noi n[u]oceremmo	noi avremmo	n[u]ociuto
voi n[u]oceste	voi aveste	n[u]ociuto	voi n[u]ocereste	voi avreste	n[u]ociuto
essi nocquero	essi ebbero	n[u]ociuto	essi n[u]ocerebbero	essi avrebbero	n[u]ociuto

futuro semplice	futuro anteriore		imperativo presente	gerundio presente	
io n[u]ocerò	io avrò	n[u]ociuto		n[u]ocendo	
tu n[u]ocerai	tu avrai	n[u]ociuto	nuoci (tu)		
egli n[u]ocerà	egli avrà	n[u]ociuto	nuoccia (Lei)		
noi n[u]oceremo	noi avremo	n[u]ociuto	n[u]ociamo (noi)	gerundio passato	
voi n[u]ocerete	voi avrete	n[u]ociuto	n[u]ocete (voi)	avendo n[u]ociuto	
essi n[u]oceranno	essi avranno	n[u]ociuto	nuocciano (Loro)		

infinito presente	infinito passato	participio presente	participio passato
nuocere	aver n[u]ociuto	n[u]ocente, n[u]ocenti	n[u]ociuto, n[u]ociuti n[u]ociuta, n[u]ociute

■ Dans l'usage courant la forme avec [**u**] est la plus employée. (Voir Grammaire page 29).

indicativo presente		passato prossimo	
io	paio	io	sono parso
tu	pari	tu	sei parso
egli	pare	egli	è parso
noi	paiamo[1]	noi	siamo parsi
voi	parete	voi	siete parsi
essi	paiono	essi	sono parsi

indicativo imperfetto		trapassato prossimo	
io	parevo	io	ero parso
tu	parevi	tu	eri parso
egli	pareva	egli	era parso
noi	parevamo	noi	eravamo parsi
voi	parevate	voi	eravate parsi
essi	parevano	essi	erano parsi

passato remoto		trapassato remoto	
io	parvi	io	fui parso
tu	paresti	tu	fosti parso
egli	parve	egli	fu parso
noi	paremmo	noi	fummo parsi
voi	pareste	voi	foste parsi
essi	parvero	essi	furono parsi

futuro semplice		futuro anteriore	
io	parrò	io	sarò parso
tu	parrai	tu	sarai parso
egli	parrà	egli	sarà parso
noi	parremo	noi	saremo parsi
voi	parrete	voi	sarete parsi
essi	parranno	essi	saranno parsi

infinito presente	infinito passato
parere	essere parso

congiuntivo presente		congiuntivo passato	
io	paia	io	sia parso
tu	paia	tu	sia parso
egli	paia	egli	sia parso
noi	paiamo[1]	noi	siamo parsi
voi	paiate	voi	siate parsi
essi	paiano	essi	siano parsi

congiuntivo imperfetto		congiuntivo trapassato	
io	paressi	io	fossi parso
tu	paressi	tu	fossi parso
egli	paresse	egli	fosse parso
noi	paressimo	noi	fossimo parsi
voi	pareste	voi	foste parsi
essi	paressero	essi	fossero parsi

condizionale presente		condizionale passato	
io	parrei	io	sarei parso
tu	parresti	tu	saresti parso
egli	parrebbe	egli	sarebbe parso
noi	parremmo	noi	saremmo parsi
voi	parreste	voi	sareste parsi
essi	parrebbero	essi	sarebbero parsi

imperativo presente	gerundio presente
	parendo

	gerundio passato
——	essendo parso

participio presente	participio passato
parvente, parventi	parso, parsi
	parsa, parse

■ 1) Pariamo est rare.

indicativo presente		passato prossimo		
io	perdo	io	ho	perso
tu	perdi	tu	hai	perso
egli	perde	egli	ha	perso
noi	perdiamo	noi	abbiamo	perso
voi	perdete	voi	avete	perso
essi	perdono	essi	hanno	perso

indicativo imperfetto		trapassato prossimo		
io	perdevo	io	avevo	perso
tu	perdevi	tu	avevi	perso
egli	perdeva	egli	aveva	perso
noi	perdevamo	noi	avevamo	perso
voi	perdevate	voi	avevate	perso
essi	perdevano	essi	avevano	perso

passato remoto		trapassato remoto		
io	persi[1]	io	ebbi	perso
tu	perdesti	tu	avesti	perso
egli	perse[1]	egli	ebbe	perso
noi	perdemmo	noi	avemmo	perso
voi	perdeste	voi	aveste	perso
essi	persero[1]	essi	ebbero	perso

futuro semplice		futuro anteriore		
io	perderò	io	avrò	perso
tu	perderai	tu	avrai	perso
egli	perderà	egli	avrà	perso
noi	perderemo	noi	avremo	perso
voi	perderete	voi	avrete	perso
essi	perderanno	essi	avranno	perso

infinito presente	infinito passato
perdere	aver perso

congiuntivo presente		congiuntivo passato		
io	perda	io	abbia	perso
tu	perda	tu	abbia	perso
egli	perda	egli	abbia	perso
noi	perdiamo	noi	abbiamo	perso
voi	perdiate	voi	abbiate	perso
essi	perdano	essi	abbiano	perso

congiuntivo imperfetto		congiuntivo trapassato		
io	perdessi	io	avessi	perso
tu	perdessi	tu	avessi	perso
egli	perdesse	egli	avesse	perso
noi	perdessimo	noi	avessimo	perso
voi	perdeste	voi	aveste	perso
essi	perdessero	essi	avessero	perso

condizionale presente		condizionale passato		
io	perderei	io	avrei	perso
tu	perderesti	tu	avresti	perso
egli	perderebbe	egli	avrebbe	perso
noi	perderemmo	noi	avremmo	perso
voi	perdereste	voi	avreste	perso
essi	perderebbero	essi	avrebbero	perso

imperativo presente	gerundio presente
	perdendo
perdi (tu)	
perda (Lei)	
perdiamo (noi)	gerundio passato
perdete (voi)	avendo perso
perdano (Loro)	

participio presente	participio passato
perdente, perdenti	perduto, perduti
	perduta, perdute
	perso, persi
	persa, perse

■ 1) Autres formes du passé simple : *io perdei/perdetti, egli perdé/perdette, essi perderono/perdettero.*

indicativo presente	passato prossimo		congiuntivo presente	congiuntivo passato	
io persuado	io ho	persuaso	io persuada	io abbia	persuaso
tu persuadi	tu hai	persuaso	tu persuada	tu abbia	persuaso
egli persuade	egli ha	persuaso	egli persuada	egli abbia	persuaso
noi persuadiamo	noi abbiamo	persuaso	noi persuadiamo	noi abbiamo	persuaso
voi persuadete	voi avete	persuaso	voi persuadiate	voi abbiate	persuaso
essi persuadono	essi hanno	persuaso	essi persuadano	essi abbiano	persuaso

indicativo imperfetto	trapassato prossimo		congiuntivo imperfetto	congiuntivo trapassato	
io persuadevo	io avevo	persuaso	io persuadessi	io avessi	persuaso
tu persuadevi	tu avevi	persuaso	tu persuadessi	tu avessi	persuaso
egli persuadeva	egli aveva	persuaso	egli persuadesse	egli avesse	persuaso
noi persuadevamo	noi avevamo	persuaso	noi persuadessimo	noi avessimo	persuaso
voi persuadevate	voi avevate	persuaso	voi persuadeste	voi aveste	persuaso
essi persuadevano	essi avevano	persuaso	essi persuadessero	essi avessero	persuaso

passato remoto	trapassato remoto		condizionale presente	condizionale passato	
io persuasi	io ebbi	persuaso	io persuaderei	io avrei	persuaso
tu persuadesti	tu avesti	persuaso	tu persuaderesti	tu avresti	persuaso
egli persuase	egli ebbe	persuaso	egli persuaderebbe	egli avrebbe	persuaso
noi persuademmo	noi avemmo	persuaso	noi persuaderemmo	noi avremmo	persuaso
voi persuadeste	voi aveste	persuaso	voi persuadereste	voi avreste	persuaso
essi persuasero	essi ebbero	persuaso	essi persuaderebbero	essi avrebbero	persuaso

futuro semplice	futuro anteriore		imperativo presente	gerundio presente	
io persuaderò	io avrò	persuaso		persuadendo	
tu persuaderai	tu avrai	persuaso	persuadi (tu)		
egli persuaderà	egli avrà	persuaso	persuada (Lei)		
noi persuaderemo	noi avremo	persuaso	persuadiamo (noi)	gerundio passato	
voi persuaderete	voi avrete	persuaso	persuadete (voi)	avendo persuaso	
essi persuaderanno	essi avranno	persuaso	persuadano (Loro)		

infinito presente	infinito passato		participio presente	participio passato	
persuadere	aver persuaso		persuadente, persuadenti	persuaso, persuasi persuasa, persuase	

■ Ainsi se conjuguent dissuadere, suadere.

indicativo presente	passato prossimo		congiuntivo presente	congiuntivo passato	
io piaccio	io sono	piaciuto	io piaccia	io sia	piaciuto
tu piaci	tu sei	piaciuto	tu piaccia	tu sia	piaciuto
egli piace	egli è	piaciuto	egli piaccia	egli sia	piaciuto
noi piacciamo[1]	noi siamo	piaciuti	noi piacciamo[1]	noi siamo	piaciuti
voi piacete	voi siete	piaciuti	voi piacciate[1]	voi siate	piaciuti
essi piacciono	essi sono	piaciuti	essi piacciano	essi siano	piaciuti

indicativo imperfetto	trapassato prossimo		congiuntivo imperfetto	congiuntivo trapassato	
io piacevo	io ero	piaciuto	io piacessi	io fossi	piaciuto
tu piacevi	tu eri	piaciuto	tu piacessi	tu fossi	piaciuto
egli piaceva	egli era	piaciuto	egli piacesse	egli fosse	piaciuto
noi piacevamo	noi eravamo	piaciuti	noi piacessimo	noi fossimo	piaciuti
voi piacevate	voi eravate	piaciuti	voi piaceste	voi foste	piaciuti
essi piacevano	essi erano	piaciuti	essi piacessero	essi fossero	piaciuti

passato remoto	trapassato remoto		condizionale presente	condizionale passato	
io piacqui	io fui	piaciuto	io piacerei	io sarei	piaciuto
tu piacesti	tu fosti	piaciuto	tu piaceresti	tu saresti	piaciuto
egli piacque	egli fu	piaciuto	egli piacerebbe	egli sarebbe	piaciuto
noi piacemmo	noi fummo	piaciuti	noi piaceremmo	noi saremmo	piaciuti
voi piaceste	voi foste	piaciuti	voi piacereste	voi sareste	piaciuti
essi piacquero	essi furono	piaciuti	essi piacerebbero	essi sarebbero	piaciuti

futuro semplice	futuro anteriore		imperativo presente	gerundio presente
io piacerò	io sarò	piaciuto		piacendo
tu piacerai	tu sarai	piaciuto	piaci (tu)	
egli piacerà	egli sarà	piaciuto	piaccia (Lei)	
noi piaceremo	noi saremo	piaciuti	piacciamo[1] (noi)	**gerundio passato**
voi piacerete	voi sarete	piaciuti	piacete (voi)	essendo piaciuto
essi piaceranno	essi saranno	piaciuti	piacciano (Loro)	

infinito presente	infinito passato	participio presente	participio passato
piacere	essere piaciuto	piacente, piacenti	piaciuto, piaciuti
			piaciuta, piaciute

▌Ainsi se conjuguent compiacere, dispiacere, giacere, rigiacere, soggiacere, sottacere, spiacere, scompiacere, tacere.

▌1) Autres formes possibles au présent de l'indicatif : *noi piaciamo;* au subjonctif présent : *noi piaciamo/voi piaciate;* à l'impératif : *piaciamo (noi).*

indicativo presente	passato prossimo		congiuntivo presente	congiuntivo passato	
io piango	io ho pianto		io pianga	io abbia pianto	
tu piangi	tu hai pianto		tu pianga	tu abbia pianto	
egli piange	egli ha pianto		egli pianga	egli abbia pianto	
noi piangiamo	noi abbiamo pianto		noi piangiamo	noi abbiamo pianto	
voi piangete	voi avete pianto		voi piangiate	voi abbiate pianto	
essi piangono	essi hanno pianto		essi piangano	essi abbiano pianto	

indicativo imperfetto	trapassato prossimo		congiuntivo imperfetto	congiuntivo trapassato	
io piangevo	io avevo pianto		io piangessi	io avessi pianto	
tu piangevi	tu avevi pianto		tu piangessi	tu avessi pianto	
egli piangeva	egli aveva pianto		egli piangesse	egli avesse pianto	
noi piangevamo	noi avevamo pianto		noi piangessimo	noi avessimo pianto	
voi piangevate	voi avevate pianto		voi piangeste	voi aveste pianto	
essi piangevano	essi avevano pianto		essi piangessero	essi avessero pianto	

passato remoto	trapassato remoto		condizionale presente	condizionale passato	
io piansi	io ebbi pianto		io piangerei	io avrei pianto	
tu piangesti	tu avesti pianto		tu piangeresti	tu avresti pianto	
egli pianse	egli ebbe pianto		egli piangerebbe	egli avrebbe pianto	
noi piangemmo	noi avemmo pianto		noi piangeremmo	noi avremmo pianto	
voi piangeste	voi aveste pianto		voi piangereste	voi avreste pianto	
essi piansero	essi ebbero pianto		essi piangerebbero	essi avrebbero pianto	

futuro semplice	futuro anteriore		imperativo presente	gerundio presente
io piangerò	io avrò pianto			piangendo
tu piangerai	tu avrai pianto		piangi (tu)	
egli piangerà	egli avrà pianto		pianga (Lei)	
noi piangeremo	noi avremo pianto		piangiamo (noi)	gerundio passato
voi piangerete	voi avrete pianto		piangete (voi)	
essi piangeranno	essi avranno pianto		piangano (Loro)	avendo pianto

infinito presente	infinito passato		participio presente	participio passato
piangere	aver pianto		piangente, piangenti	pianto, pianti
				pianta, piante

Ainsi se conjuguent affrangere, compiangere, diffrangersi, frangere, infrangere, rifrangere, rimpiangere et les formes archaïques fragnere (frangere) et rimpiagnere (rimpiangere).

PIOVERE/PLEUVOIR

indicativo presente	passato prossimo	congiuntivo presente	congiuntivo passato
io piovo	io sono piovuto	io piova	io sia piovuto
tu piovi	tu sei piovuto	tu piova	tu sia piovuto
egli piove	egli è piovuto	egli piova	egli sia piovuto
noi pioviamo	noi siamo piovuti	noi pioviamo	noi siamo piovuti
voi piovete	voi siete piovuti	voi pioviate	voi siate piovuti
essi piovono	essi sono piovuti	essi piovano	essi siano piovuti

indicativo imperfetto	trapassato prossimo	congiuntivo imperfetto	congiuntivo trapassato
io piovevo	io ero piovuto	io piovessi	io fossi piovuto
tu piovevi	tu eri piovuto	tu piovessi	tu fossi piovuto
egli pioveva	egli era piovuto	egli piovesse	egli fosse piovuto
noi piovevamo	noi eravamo piovuti	noi piovessimo	noi fossimo piovuti
voi piovevate	voi eravate piovuti	voi pioveste	voi foste piovuti
essi piovevano	essi erano piovuti	essi piovessero	essi fossero piovuti

passato remoto	trapassato remoto	condizionale presente	condizionale passato
io piovvi	io fui piovuto	io pioverei	io sarei piovuto
tu piovesti	tu fosti piovuto	tu pioveresti	tu saresti piovuto
egli piovve	egli fu piovuto	egli pioverebbe	egli sarebbe piovuto
noi piovemmo	noi fummo piovuti	noi pioveremmo	noi saremmo piovuti
voi pioveste	voi foste piovuti	voi piovereste	voi sareste piovuti
essi piovvero	essi furono piovuti	essi pioverebbero	essi sarebbero piovuti

futuro semplice	futuro anteriore	imperativo presente	gerundio presente
io pioverò	io sarò piovuto		piovendo
tu pioverai	tu sarai piovuto	piovi (tu)	
egli pioverà	egli sarà piovuto	piova (Lei)	gerundio passato
noi pioveremo	noi saremo piovuti	pioviamo (noi)	
voi pioverete	voi sarete piovuti	piovete (voi)	essendo piovuto
essi pioveranno	essi saranno piovuti	piovano (Loro)	

infinito presente	infinito passato	participio presente	participio passato
piovere	essere piovuto	piovente, pioventi	piovuto, piovuti
			piovuta, piovute

Piovere est généralement employé comme impersonnel à la 3e personne du singulier. Dans ce cas, il peut avoir comme auxiliaire **essere** ou **avere**.

indicativo presente	passato prossimo		congiuntivo presente	congiuntivo passato	
io porgo	io ho	porto	io porga	io abbia	porto
tu porgi	tu hai	porto	tu porga	tu abbia	porto
egli porge	egli ha	porto	egli porga	egli abbia	porto
noi porgiamo	noi abbiamo	porto	noi porgiamo	noi abbiamo	porto
voi porgete	voi avete	porto	voi porgiate	voi abbiate	porto
essi porgono	essi hanno	porto	essi porgano	essi abbiano	porto

indicativo imperfetto	trapassato prossimo		congiuntivo imperfetto	congiuntivo trapassato	
io porgevo	io avevo	porto	io porgessi	io avessi	porto
tu porgevi	tu avevi	porto	tu porgessi	tu avessi	porto
egli porgeva	egli aveva	porto	egli porgesse	egli avesse	porto
noi porgevamo	noi avevamo	porto	noi porgessimo	noi avessimo	porto
voi porgevate	voi avevate	porto	voi porgeste	voi aveste	porto
essi porgevano	essi avevano	porto	essi porgessero	essi avessero	porto

passato remoto	trapassato remoto		condizionale presente	condizionale passato	
io porsi	io ebbi	porto	io porgerei	io avrei	porto
tu porgesti	tu avesti	porto	tu porgeresti	tu avresti	porto
egli porse	egli ebbe	porto	egli porgerebbe	egli avrebbe	porto
noi porgemmo	noi avemmo	porto	noi porgeremmo	noi avremmo	porto
voi porgeste	voi aveste	porto	voi porgereste	voi avreste	porto
essi porsero	essi ebbero	porto	essi porgerebbero	essi avrebbero	porto

futuro semplice	futuro anteriore		imperativo presente	gerundio presente	
io porgerò	io avrò	porto		porgendo	
tu porgerai	tu avrai	porto	porgi (tu)		
egli porgerà	egli avrà	porto	porga (Lei)		
noi porgeremo	noi avremo	porto	porgiamo (noi)	gerundio passato	
voi porgerete	voi avrete	porto	porgete (voi)	avendo porto	
essi porgeranno	essi avranno	porto	porgano (Loro)		

infinito presente	infinito passato		participio presente	participio passato	
porgere	aver porto		porgente, porgenti	porto, porti	
				porta, porte	

Ainsi se conjuguent assurgere et resurgere mais avec **-u-** à la place du **-o-** dans le radical présent : *io assurgo...*; imparfait : *io assurgevo...*
Se conjuguent sur le même modèle fulgere, rifulgere, indulgere mais leur participe passé n'est guère employé : *fulso, rifulso, indulto.*

indicativo presente		passato prossimo		
io	pongo	io	ho	posto
tu	poni	tu	hai	posto
egli	pone	egli	ha	posto
noi	poniamo	noi	abbiamo	posto
voi	ponete	voi	avete	posto
essi	pongono	essi	hanno	posto

indicativo imperfetto		trapassato prossimo		
io	ponevo	io	avevo	posto
tu	ponevi	tu	avevi	posto
egli	poneva	egli	aveva	posto
noi	ponevamo	noi	avevamo	posto
voi	ponevate	voi	avevate	posto
essi	ponevano	essi	avevano	posto

passato remoto		trapassato remoto		
io	posi	io	ebbi	posto
tu	ponesti	tu	avesti	posto
egli	pose	egli	ebbe	posto
noi	ponemmo	noi	avemmo	posto
voi	poneste	voi	aveste	posto
essi	posero	essi	ebbero	posto

futuro semplice		futuro anteriore		
io	porrò	io	avrò	posto
tu	porrai	tu	avrai	posto
egli	porrà	egli	avrà	posto
noi	porremo	noi	avremo	posto
voi	porrete	voi	avrete	posto
essi	porranno	essi	avranno	posto

infinito presente	infinito passato
porre	aver posto

congiuntivo presente		congiuntivo passato		
io	ponga	io	abbia	posto
tu	ponga	tu	abbia	posto
egli	ponga	egli	abbia	posto
noi	poniamo	noi	abbiamo	posto
voi	poniate	voi	abbiate	posto
essi	pongano	essi	abbiano	posto

congiuntivo imperfetto		congiuntivo trapassato		
io	ponessi	io	avessi	posto
tu	ponessi	tu	avessi	posto
egli	ponesse	egli	avesse	posto
noi	ponessimo	noi	avessimo	posto
voi	poneste	voi	aveste	posto
essi	ponessero	essi	avessero	posto

condizionale presente		condizionale passato		
io	porrei	io	avrei	posto
tu	porresti	tu	avresti	posto
egli	porrebbe	egli	avrebbe	posto
noi	porremmo	noi	avremmo	posto
voi	porreste	voi	avreste	posto
essi	porrebbero	essi	avrebbero	posto

imperativo presente		gerundio presente
		ponendo
poni	(tu)	
ponga	(Lei)	
poniamo	(noi)	**gerundio passato**
ponete	(voi)	avendo posto
pongano	(Loro)	

participio presente	participio passato
ponente, ponenti	posto, posti
	posta, poste

indicativo presente		passato prossimo		
io	posso	io	ho	potuto
tu	puoi	tu	hai	potuto
egli	può	egli	ha	potuto
noi	possiamo	noi	abbiamo	potuto
voi	potete	voi	avete	potuto
essi	possono	essi	hanno	potuto

indicativo imperfetto		trapassato prossimo		
io	potevo	io	avevo	potuto
tu	potevi	tu	avevi	potuto
egli	poteva	egli	aveva	potuto
noi	potevamo	noi	avevamo	potuto
voi	potevate	voi	avevate	potuto
essi	potevano	essi	avevano	potuto

passato remoto		trapassato remoto		
io	potei, potetti	io	ebbi	potuto
tu	potesti	tu	avesti	potuto
egli	poté, potette	egli	ebbe	potuto
noi	potemmo	noi	avemmo	potuto
voi	poteste	voi	aveste	potuto
essi	poterono, potettero	essi	ebbero	potuto

futuro semplice		futuro anteriore		
io	potrò	io	avrò	potuto
tu	potrai	tu	avrai	potuto
egli	potrà	egli	avrà	potuto
noi	potremo	noi	avremo	potuto
voi	potrete	voi	avrete	potuto
essi	potranno	essi	avranno	potuto

infinito presente	infinito passato
potere	aver potuto

congiuntivo presente		congiuntivo passato		
io	possa	io	abbia	potuto
tu	possa	tu	abbia	potuto
egli	possa	egli	abbia	potuto
noi	possiamo	noi	abbiamo	potuto
voi	possiate	voi	abbiate	potuto
essi	possano	essi	abbiano	potuto

congiuntivo imperfetto		congiuntivo trapassato		
io	potessi	io	avessi	potuto
tu	potessi	tu	avessi	potuto
egli	potesse	egli	avesse	potuto
noi	potessimo	noi	avessimo	potuto
voi	poteste	voi	aveste	potuto
essi	potessero	essi	avessero	potuto

condizionale presente		condizionale passato		
io	potrei	io	avrei	potuto
tu	potresti	tu	avresti	potuto
egli	potrebbe	egli	avrebbe	potuto
noi	potremmo	noi	avremmo	potuto
voi	potreste	voi	avreste	potuto
essi	potrebbero	essi	avrebbero	potuto

imperativo presente	gerundio presente
	potendo
——	
	gerundio passato
	avendo potuto

participio presente	participio passato
potente, potenti	potuto, potuti
	potuta, potute

Employé seul, potere se conjugue avec l'auxiliaire **avere** aux temps composés.
Suivi d'un autre verbe, il prend l'auxiliaire qui convient à ce verbe.
Ho potuto lavorare tranquillamente (ho lavorato).
Sono potuto partire subito (sono partito).
Toutefois dans l'italien contemporain on emploie couramment **avere** dans tous les cas.
Quand l'infinitif est un verbe réfléchi ou pronominal on a :
– l'auxiliaire **essere** si le pronom personnel complément **précède** le verbe : *Mi sono potuto lavare.*
– l'auxiliaire **avere** si le pronom personnel complément **suit** le verbe : *Ho potuto lavarmi.*

indicativo presente		passato prossimo		
io	prendo	io	ho	preso
tu	prendi	tu	hai	preso
egli	prende	egli	ha	preso
noi	prendiamo	noi	abbiamo	preso
voi	prendete	voi	avete	preso
essi	prendono	essi	hanno	preso

indicativo imperfetto		trapassato prossimo		
io	prendevo	io	avevo	preso
tu	prendevi	tu	avevi	preso
egli	prendeva	egli	aveva	preso
noi	prendevamo	noi	avevamo	preso
voi	prendevate	voi	avevate	preso
essi	prendevano	essi	avevano	preso

passato remoto		trapassato remoto		
io	presi	io	ebbi	preso
tu	prendesti	tu	avesti	preso
egli	prese	egli	ebbe	preso
noi	prendemmo	noi	avemmo	preso
voi	prendeste	voi	aveste	preso
essi	presero	essi	ebbero	preso

futuro semplice		futuro anteriore		
io	prenderò	io	avrò	preso
tu	prenderai	tu	avrai	preso
egli	prenderà	egli	avrà	preso
noi	prenderemo	noi	avremo	preso
voi	prenderete	voi	avrete	preso
essi	prenderanno	essi	avranno	preso

infinito presente	infinito passato
prendere	aver preso

congiuntivo presente		congiuntivo passato		
io	prenda	io	abbia	preso
tu	prenda	tu	abbia	preso
egli	prenda	egli	abbia	preso
noi	prendiamo	noi	abbiamo	preso
voi	prendiate	voi	abbiate	preso
essi	prendano	essi	abbiano	preso

congiuntivo imperfetto		congiuntivo trapassato		
io	prendessi	io	avessi	preso
tu	prendessi	tu	avessi	preso
egli	prendesse	egli	avesse	preso
noi	prendessimo	noi	avessimo	preso
voi	prendeste	voi	aveste	preso
essi	prendessero	essi	avessero	preso

condizionale presente		condizionale passato		
io	prenderei	io	avrei	preso
tu	prenderesti	tu	avresti	preso
egli	prenderebbe	egli	avrebbe	preso
noi	prenderemmo	noi	avremmo	preso
voi	prendereste	voi	avreste	preso
essi	prenderebbero	essi	avrebbero	preso

imperativo presente		gerundio presente
		prendendo
prendi	(tu)	
prenda	(Lei)	
prendiamo	(noi)	gerundio passato
prendete	(voi)	avendo preso
prendano	(Loro)	

participio presente	participio passato
prendente, prendenti	preso, presi
	presa, prese

Ainsi se conjugue propendere. Au passé simple ce verbe a deux formes : *io propendei/propesi, egli propendé/propese, essi propenderono/propesero.*

indicativo presente	passato prossimo		congiuntivo presente	congiuntivo passato	
io rado	io ho raso		io rada	io abbia raso
tu radi	tu hai raso		tu rada	tu abbia raso
egli rade	egli ha raso		egli rada	egli abbia raso
noi radiamo	noi abbiamo raso		noi radiamo	noi abbiamo raso
voi radete	voi avete raso		voi radiate	voi abbiate raso
essi radono	essi hanno raso		essi radano	essi abbiano raso

indicativo imperfetto	trapassato prossimo		congiuntivo imperfetto	congiuntivo trapassato	
io radevo	io avevo raso		io radessi	io avessi raso
tu radevi	tu avevi raso		tu radessi	tu avessi raso
egli radeva	egli aveva raso		egli radesse	egli avesse raso
noi radevamo	noi avevamo raso		noi radessimo	noi avessimo raso
voi radevate	voi avevate raso		voi radeste	voi aveste raso
essi radevano	essi avevano raso		essi radessero	essi avessero raso

passato remoto	trapassato remoto		condizionale presente	condizionale passato	
io rasi	io ebbi raso		io raderei	io avrei raso
tu radesti	tu avesti raso		tu raderesti	tu avresti raso
egli rase	egli ebbe raso		egli raderebbe	egli avrebbe raso
noi rademmo	noi avemmo raso		noi raderemmo	noi avremmo raso
voi radeste	voi aveste raso		voi radereste	voi avreste raso
essi rasero	essi ebbero raso		essi raderebbero	essi avrebbero raso

futuro semplice	futuro anteriore		imperativo presente	gerundio presente
io raderò	io avrò raso			radendo
tu raderai	tu avrai raso		radi (tu)	
egli raderà	egli avrà raso		rada (Lei)	
noi raderemo	noi avremo raso		radiamo (noi)	gerundio passato
voi raderete	voi avrete raso		radete (voi)	avendo raso
essi raderanno	essi avranno raso		radano (Loro)	

infinito presente	infinito passato		participio presente	participio passato
radere	aver raso		radente, radenti	raso, rasi
				rasa, rase

■ Ainsi se conjuguent evadere, invadere, pervadere.

indicativo presente	passato prossimo		congiuntivo presente	congiuntivo passato	
io redigo	io ho	redatto	io rediga	io abbia	redatto
tu redigi	tu hai	redatto	tu rediga	tu abbia	redatto
egli redige	egli ha	redatto	egli rediga	egli abbia	redatto
noi redigiamo	noi abbiamo	redatto	noi redigiamo	noi abbiamo	redatto
voi redigete	voi avete	redatto	voi redigiate	voi abbiate	redatto
essi redigono	essi hanno	redatto	essi redigano	essi abbiano	redatto

indicativo imperfetto	trapassato prossimo		congiuntivo imperfetto	congiuntivo trapassato	
io redigevo	io avevo	redatto	io redigessi	io avessi	redatto
tu redigevi	tu avevi	redatto	tu redigessi	tu avessi	redatto
egli redigeva	egli aveva	redatto	egli redigesse	egli avesse	redatto
noi redigevamo	noi avevamo	redatto	noi redigessimo	noi avessimo	redatto
voi redigevate	voi avevate	redatto	voi redigeste	voi aveste	redatto
essi redigevano	essi avevano	redatto	essi redigessero	essi avessero	redatto

passato remoto	trapassato remoto		condizionale presente	condizionale passato	
io redassi	io ebbi	redatto	io redigerei	io avrei	redatto
tu redigesti	tu avesti	redatto	tu redigeresti	tu avresti	redatto
egli redasse	egli ebbe	redatto	egli redigerebbe	egli avrebbe	redatto
noi redigemmo	noi avemmo	redatto	noi redigeremmo	noi avremmo	redatto
voi redigeste	voi aveste	redatto	voi redigereste	voi avreste	redatto
essi redassero	essi ebbero	redatto	essi redigerebbero	essi avrebbero	redatto

futuro semplice	futuro anteriore		imperativo presente	gerundio presente
io redigerò	io avrò	redatto		redigendo
tu redigerai	tu avrai	redatto	redigi (tu)	
egli redigerà	egli avrà	redatto	rediga (Lei)	
noi redigeremo	noi avremo	redatto	redigiamo (noi)	**gerundio passato**
voi redigerete	voi avrete	redatto	redigete (voi)	
essi redigeranno	essi avranno	redatto	redigano (Loro)	avendo redatto

infinito presente	infinito passato	particizio presente	participio passato
redigere	aver redatto	redigente, redigenti	redatto, redatti
			redatta, redatte

Ainsi se conjuguent sauf au passé simple : esigere : *io esigei, egli esigé, essi esigerono;* participe passé *esatto;* transigere et ses formes archaïques transare et transarre : *io transigei, egli transigé, essi transigerono;* participe passé : *transatto.*

indicativo presente	passato prossimo		congiuntivo presente	congiuntivo passato	
io redimo	io ho	redento	io redima	io abbia	redento
tu redimi	tu hai	redento	tu redima	tu abbia	redento
egli redime	egli ha	redento	egli redima	egli abbia	redento
noi redimiamo	noi abbiamo	redento	noi redimiamo	noi abbiamo	redento
voi redimete	voi avete	redento	voi redimiate	voi abbiate	redento
essi redimono	essi hanno	redento	essi redimano	essi abbiano	redento

indicativo imperfetto	trapassato prossimo		congiuntivo imperfetto	congiuntivo trapassato	
io redimevo	io avevo	redento	io redimessi	io avessi	redento
tu redimevi	tu avevi	redento	tu redimessi	tu avessi	redento
egli redimeva	egli aveva	redento	egli redimesse	egli avesse	redento
noi redimevamo	noi avevamo	redento	noi redimessimo	noi avessimo	redento
voi redimevate	voi avevate	redento	voi redimeste	voi aveste	redento
essi redimevano	essi avevano	redento	essi redimessero	essi avessero	redento

passato remoto	trapassato remoto		condizionale presente	condizionale passato	
io redensi	io ebbi	redento	io redimerei	io avrei	redento
tu redimesti	tu avesti	redento	tu redimeresti	tu avresti	redento
egli redense	egli ebbe	redento	egli redimerebbe	egli avrebbe	redento
noi redimemmo	noi avemmo	redento	noi redimeremmo	noi avremmo	redento
voi redimeste	voi aveste	redento	voi redimereste	voi avreste	redento
essi redensero	essi ebbero	redento	essi redimerebbero	essi avrebbero	redento

futuro semplice	futuro anteriore		imperativo presente	gerundio presente	
io redimerò	io avrò	redento		redimendo	
tu redimerai	tu avrai	redento	redimi (tu)		
egli redimerà	egli avrà	redento	redima (Lei)		
noi redimeremo	noi avremo	redento	redimiamo (noi)	gerundio passato	
voi redimerete	voi avrete	redento	redimete (voi)		
essi redimeranno	essi avranno	redento	redimano (Loro)	avendo redento	

infinito presente	infinito passato	participio presente	participio passato
redimere	aver redento	redimente, redimenti	redento, redenti
			redenta, redente

Ainsi se conjuguent dirimere sauf au passé simple : *io dirimei/dirimetti, egli dirimé/dirimette, essi dirime-rono/dirimettero;* pas de participe passé; esimere sauf au passé simple : *io esimei/esimetti, egli esimé/esi-mette, essi esimerono/esimettero...;* pas de participe passé.

indicativo presente	passato prossimo		congiuntivo presente	congiuntivo passato	
io rido	io ho	riso	io rida	io abbia	riso
tu ridi	tu hai	riso	tu rida	tu abbia	riso
egli ride	egli ha	riso	egli rida	egli abbia	riso
noi ridiamo	noi abbiamo	riso	noi ridiamo	noi abbiamo	riso
voi ridete	voi avete	riso	voi ridiate	voi abbiate	riso
essi ridono	essi hanno	riso	essi ridano	essi abbiano	riso

indicativo imperfetto	trapassato prossimo		congiuntivo imperfetto	congiuntivo trapassato	
io ridevo	io avevo	riso	io ridessi	io avessi	riso
tu ridevi	tu avevi	riso	tu ridessi	tu avessi	riso
egli rideva	egli aveva	riso	egli ridesse	egli avesse	riso
noi ridevamo	noi avevamo	riso	noi ridessimo	noi avessimo	riso
voi ridevate	voi avevate	riso	voi rideste	voi aveste	riso
essi ridevano	essi avevano	riso	essi ridessero	essi avessero	riso

passato remoto	trapassato remoto		condizionale presente	condizionale passato	
io risi	io ebbi	riso	io riderei	io avrei	riso
tu ridesti	tu avesti	riso	tu rideresti	tu avresti	riso
egli rise	egli ebbe	riso	egli riderebbe	egli avrebbe	riso
noi ridemmo	noi avemmo	riso	noi rideremmo	noi avremmo	riso
voi rideste	voi aveste	riso	voi ridereste	voi avreste	riso
essi risero	essi ebbero	riso	essi riderebbero	essi avrebbero	riso

futuro semplice	futuro anteriore		imperativo presente	gerundio presente	
io riderò	io avrò	riso		ridendo	
tu riderai	tu avrai	riso	ridi (tu)		
egli riderà	egli avrà	riso	rida (Lei)		
noi rideremo	noi avremo	riso	ridiamo (noi)	gerundio passato	
voi riderete	voi avrete	riso	ridete (voi)		
essi rideranno	essi avranno	riso	ridano (Loro)	avendo riso	

infinito presente	infinito passato	congiuntivo presente	participio presente	participio passato
ridere	aver riso		ridente, ridenti	riso, risi
				risa, rise

Ainsi se conjuguent stridere sauf au passé simple : *io stridei/stridetti, egli stridé/stridette, essi stridere-no/stridettero;* pas de participe passé ; elidere qui au passé simple a trois formes : *io elisi/elidei/elidetti, egli elise/elidé/elidette, essi elisero/eliderono/elidettero.*

indicativo presente	passato prossimo	congiuntivo presente	congiuntivo passato
io rimango	io sono rimasto	io rimanga	io sia rimasto
tu rimani	tu sei rimasto	tu rimanga	tu sia rimasto
egli rimane	egli è rimasto	egli rimanga	egli sia rimasto
noi rimaniamo	noi siamo rimasti	noi rimaniamo	noi siamo rimasti
voi rimanete	voi siete rimasti	voi rimaniate	voi siate rimasti
essi rimangono	essi sono rimasti	essi rimangano	essi siano rimasti

indicativo imperfetto	trapassato prossimo	congiuntivo imperfetto	congiuntivo trapassato
io rimanevo	io ero rimasto	io rimanessi	io fossi rimasto
tu rimanevi	tu eri rimasto	tu rimanessi	tu fossi rimasto
egli rimaneva	egli era rimasto	egli rimanesse	egli fosse rimasto
noi rimanevamo	noi eravamo rimasti	noi rimanessimo	noi fossimo rimasti
voi rimanevate	voi eravate rimasti	voi rimaneste	voi foste rimasti
essi rimanevano	essi erano rimasti	essi rimanessero	essi fossero rimasti

passato remoto	trapassato remoto	condizionale presente	condizionale passato
io rimasi	io fui rimasto	io rimarrei	io sarei rimasto
tu rimanesti	tu fosti rimasto	tu rimarresti	tu saresti rimasto
egli rimase	egli fu rimasto	egli rimarrebbe	egli sarebbe rimasto
noi rimanemmo	noi fummo rimasti	noi rimarremmo	noi saremmo rimasti
voi rimaneste	voi foste rimasti	voi rimarreste	voi sareste rimasti
essi rimasero	essi furono rimasti	essi rimarrebbero	essi sarebbero rimasti

futuro semplice	futuro anteriore	imperativo presente	gerundio presente
io rimarrò	io sarò rimasto		rimanendo
tu rimarrai	tu sarai rimasto	rimani (tu)	
egli rimarrà	egli sarà rimasto	rimanga (Lei)	
noi rimarremo	noi saremo rimasti	rimaniamo (noi)	gerundio passato
voi rimarrete	voi sarete rimasti	rimanete (voi)	essendo rimasto
essi rimarranno	essi saranno rimasti	rimangano (Loro)	

infinito presente	infinito passato	participio presente	participio passato
rimanere	essere rimasto	rimanente, rimanenti	rimasto, rimasti
			rimasta, rimaste

■ Ainsi se conjugue permanere sauf au participe passé : *permaso*.

indicativo presente	passato prossimo		congiuntivo presente	congiuntivo passato	
io rispondo	io ho	risposto	io risponda	io abbia	risposto
tu rispondi	tu hai	risposto	tu risponda	tu abbia	risposto
egli risponde	egli ha	risposto	egli risponda	egli abbia	risposto
noi rispondiamo	noi abbiamo	risposto	noi rispondiamo	noi abbiamo	risposto
voi rispondete	voi avete	risposto	voi rispondiate	voi abbiate	risposto
essi rispondono	essi hanno	risposto	essi rispondano	essi abbiano	risposto

indicativo imperfetto	trapassato prossimo		congiuntivo imperfetto	congiuntivo trapassato	
io rispondevo	io avevo	risposto	io rispondessi	io avessi	risposto
tu rispondevi	tu avevi	risposto	tu rispondessi	tu avessi	risposto
egli rispondeva	egli aveva	risposto	egli rispondesse	egli avesse	risposto
noi rispondevamo	noi avevamo	risposto	noi rispondessimo	noi avessimo	risposto
voi rispondevate	voi avevate	risposto	voi rispondeste	voi aveste	risposto
essi rispondevano	essi avevano	risposto	essi rispondessero	essi avessero	risposto

passato remoto	trapassato remoto		condizionale presente	condizionale passato	
io risposi	io ebbi	risposto	io risponderei	io avrei	risposto
tu rispondesti	tu avesti	risposto	tu risponderesti	tu avresti	risposto
egli rispose	egli ebbe	risposto	egli risponderebbe	egli avrebbe	risposto
noi rispondemmo	noi avemmo	risposto	noi risponderemmo	noi avremmo	risposto
voi rispondeste	voi aveste	risposto	voi rispondereste	voi avreste	risposto
essi risposero	essi ebbero	risposto	essi risponderebbero	essi avrebbero	risposto

futuro semplice	futuro anteriore		imperativo presente	gerundio presente
io risponderò	io avrò	risposto		rispondendo
tu risponderai	tu avrai	risposto	rispondi (tu)	
egli risponderà	egli avrà	risposto	risponda (Lei)	
noi risponderemo	noi avremo	risposto	rispondiamo (noi)	gerundio passato
voi risponderete	voi avrete	risposto	rispondete (voi)	
essi risponderanno	essi avranno	risposto	rispondano (Loro)	avendo risposto

infinito presente	infinito passato	particiipio presente	participio passato
rispondere	aver risposto	rispondente, rispondenti	risposto, risposti risposta, risposte

■ Ainsi se conjugue ascondere ; participe passé : *ascoso*.

indicativo presente	passato prossimo		congiuntivo presente	congiuntivo passato	
io rompo	io ho rotto		io rompa	io abbia rotto	
tu rompi	tu hai rotto		tu rompa	tu abbia rotto	
egli rompe	egli ha rotto		egli rompa	egli abbia rotto	
noi rompiamo	noi abbiamo rotto		noi rompiamo	noi abbiamo rotto	
voi rompete	voi avete rotto		voi rompiate	voi abbiate rotto	
essi rompono	essi hanno rotto		essi rompano	essi abbiano rotto	

indicativo imperfetto	trapassato prossimo		congiuntivo imperfetto	congiuntivo trapassato	
io rompevo	io avevo rotto		io rompessi	io avessi rotto	
tu rompevi	tu avevi rotto		tu rompessi	tu avessi rotto	
egli rompeva	egli aveva rotto		egli rompesse	egli avesse rotto	
noi rompevamo	noi avevamo rotto		noi rompessimo	noi avessimo rotto	
voi rompevate	voi avevate rotto		voi rompeste	voi aveste rotto	
essi rompevano	essi avevano rotto		essi rompessero	essi avessero rotto	

passato remoto	trapassato remoto		condizionale presente	condizionale passato	
io ruppi	io ebbi rotto		io romperei	io avrei rotto	
tu rompesti	tu avesti rotto		tu romperesti	tu avresti rotto	
egli ruppe	egli ebbe rotto		egli romperebbe	egli avrebbe rotto	
noi rompemmo	noi avemmo rotto		noi romperemmo	noi avremmo rotto	
voi rompeste	voi aveste rotto		voi rompereste	voi avreste rotto	
essi ruppero	essi ebbero rotto		essi romperebbero	essi avrebbero rotto	

futuro semplice	futuro anteriore		imperativo presente	gerundio presente
io romperò	io avrò rotto			rompendo
tu romperai	tu avrai rotto		rompi (tu)	
egli romperà	egli avrà rotto		rompa (Lei)	
noi romperemo	noi avremo rotto		rompiamo (noi)	gerundio passato
voi romperete	voi avrete rotto		rompete (voi)	avendo rotto
essi romperanno	essi avranno rotto		rompano (Loro)	

infinito presente	infinito passato		participio presente	participio passato
rompere	aver rotto		rompente, rompenti	rotto, rotti
				rotta, rotte

indicativo presente		passato prossimo	
io	so	io ho	saputo
tu	sai	tu hai	saputo
egli	sa	egli ha	saputo
noi	sappiamo	noi abbiamo	saputo
voi	sapete	voi avete	saputo
essi	sanno	essi hanno	saputo

indicativo imperfetto		trapassato prossimo	
io	sapevo	io avevo	saputo
tu	sapevi	tu avevi	saputo
egli	sapeva	egli aveva	saputo
noi	sapevamo	noi avevamo	saputo
voi	sapevate	voi avevate	saputo
essi	sapevano	essi avevano	saputo

passato remoto		trapassato remoto	
io	seppi	io ebbi	saputo
tu	sapesti	tu avesti	saputo
egli	seppe	egli ebbe	saputo
noi	sapemmo	noi avemmo	saputo
voi	sapeste	voi aveste	saputo
essi	seppero	essi ebbero	saputo

futuro semplice		futuro anteriore	
io	saprò	io avrò	saputo
tu	saprai	tu avrai	saputo
egli	saprà	egli avrà	saputo
noi	sapremo	noi avremo	saputo
voi	saprete	voi avrete	saputo
essi	sapranno	essi avranno	saputo

infinito presente	infinito passato
sapere	aver saputo

congiuntivo presente		congiuntivo passato	
io	sappia	io abbia	saputo
tu	sappia	tu abbia	saputo
egli	sappia	egli abbia	saputo
noi	sappiamo	noi abbiamo	saputo
voi	sappiate	voi abbiate	saputo
essi	sappiano	essi abbiano	saputo

congiuntivo imperfetto		congiuntivo trapassato	
io	sapessi	io avessi	saputo
tu	sapessi	tu avessi	saputo
egli	sapesse	egli avesse	saputo
noi	sapessimo	noi avessimo	saputo
voi	sapeste	voi aveste	saputo
essi	sapessero	essi avessero	saputo

condizionale presente		condizionale passato	
io	saprei	io avrei	saputo
tu	sapresti	tu avresti	saputo
egli	saprebbe	egli avrebbe	saputo
noi	sapremmo	noi avremmo	saputo
voi	sapreste	voi avreste	saputo
essi	saprebbero	essi avrebbero	saputo

imperativo presente	gerundio presente
	sapendo
sappi (tu)	
sappia (Lei)	
sappiamo (noi)	**gerundio passato**
sappiate (voi)	avendo saputo
sappiano (Loro)	

participio presente	participio passato
——	saputo, saputi
	saputa, sapute

Sapere n'a pas de participe présent. La forme *sapiente* (sage, savant) est un adjectif.
Risapere se conjugue comme sapere sauf à certaines formes de l'indicatif présent où il porte un accent aux 1re et 3e personnes du singulier : *io risò, egli risà.*

indicativo presente		passato prossimo	
io	scelgo	io	ho	scelto
tu	scegli	tu	hai	scelto
egli	sceglie	egli	ha	scelto
noi	scegliamo	noi	abbiamo	scelto
voi	scegliete	voi	avete	scelto
essi	scelgono	essi	hanno	scelto

indicativo imperfetto		trapassato prossimo	
io	sceglievo	io	avevo	scelto
tu	sceglievi	tu	avevi	scelto
egli	sceglieva	egli	aveva	scelto
noi	sceglievamo	noi	avevamo	scelto
voi	sceglievate	voi	avevate	scelto
essi	sceglievano	essi	avevano	scelto

passato remoto		trapassato remoto	
io	scelsi	io	ebbi	scelto
tu	scegliesti	tu	avesti	scelto
egli	scelse	egli	ebbe	scelto
noi	scegliemmo	noi	avemmo	scelto
voi	sceglieste	voi	aveste	scelto
essi	scelsero	essi	ebbero	scelto

futuro semplice		futuro anteriore	
io	sceglierò	io	avrò	scelto
tu	sceglierai	tu	avrai	scelto
egli	sceglierà	egli	avrà	scelto
noi	sceglieremo	noi	avremo	scelto
voi	sceglierete	voi	avrete	scelto
essi	sceglieranno	essi	avranno	scelto

infinito presente	infinito passato
scegliere	aver scelto

congiuntivo presente		congiuntivo passato	
io	scelga	io	abbia	scelto
tu	scelga	tu	abbia	scelto
egli	scelga	egli	abbia	scelto
noi	scegliamo	noi	abbiamo	scelto
voi	scegliate	voi	abbiate	scelto
essi	scelgano	essi	abbiano	scelto

congiuntivo imperfetto		congiuntivo trapassato	
io	scegliessi	io	avessi	scelto
tu	scegliessi	tu	avessi	scelto
egli	scegliesse	egli	avesse	scelto
noi	scegliessimo	noi	avessimo	scelto
voi	sceglieste	voi	aveste	scelto
essi	scegliessero	essi	avessero	scelto

condizionale presente		condizionale passato	
io	sceglierei	io	avrei	scelto
tu	sceglieresti	tu	avresti	scelto
egli	sceglierebbe	egli	avrebbe	scelto
noi	sceglieremmo	noi	avremmo	scelto
voi	scegliereste	voi	avreste	scelto
essi	sceglierebbero	essi	avrebbero	scelto

imperativo presente		gerundio presente
		scegliendo
scegli	(tu)	
scelga	(Lei)	
scegliamo	(noi)	**gerundio passato**
scegliete	(voi)	avendo scelto
scelgano	(Loro)	

participio presente	participio passato
scegliente, sceglienti	scelto, scelti
	scelta, scelte

indicativo presente	passato prossimo		congiuntivo presente	congiuntivo passato	
io scendo	io sono	sceso	io scenda	io sia	sceso
tu scendi	tu sei	sceso	tu scenda	tu sia	sceso
egli scende	egli è	sceso	egli scenda	egli sia	sceso
noi scendiamo	noi siamo	scesi	noi scendiamo	noi siamo	scesi
voi scendete	voi siete	scesi	voi scendiate	voi siete	scesi
essi scendono	essi sono	scesi	essi scendano	essi siano	scesi

indicativo imperfetto	trapassato prossimo		congiuntivo imperfetto	congiuntivo trapassato	
io scendevo	io ero	sceso	io scendessi	io fossi	sceso
tu scendevi	tu eri	sceso	tu scendessi	tu fossi	sceso
egli scendeva	egli era	sceso	egli scendesse	egli fosse	sceso
noi scendevamo	noi eravamo	scesi	noi scendessimo	noi fossimo	scesi
voi scendevate	voi eravate	scesi	voi scendeste	voi foste	scesi
essi scendevano	essi erano	scesi	essi scendessero	essi fossero	scesi

passato remoto	trapassato remoto		condizionale presente	condizionale passato	
io scesi	io fui	sceso	io scenderei	io sarei	sceso
tu scendesti	tu fosti	sceso	tu scenderesti	tu saresti	sceso
egli scese	egli fu	sceso	egli scenderebbe	egli sarebbe	sceso
noi scendemmo	noi fummo	scesi	noi scenderemmo	noi saremmo	scesi
voi scendeste	voi foste	scesi	voi scendereste	voi sareste	scesi
essi scesero	essi furono	scesi	essi scenderebbero	essi sarebbero	scesi

futuro semplice	futuro anteriore		imperativo presente	gerundio presente
io scenderò	io sarò	sceso		scendendo
tu scenderai	tu sarai	sceso	scendi (tu)	
egli scenderà	egli sarà	sceso	scenda (Lei)	
noi scenderemo	noi saremo	scesi	scendiamo (noi)	**gerundio passato**
voi scenderete	voi sarete	scesi	scendete (voi)	essendo sceso
essi scenderanno	essi saranno	scesi	scendano (Loro)	

infinito presente	infinito passato	particicipio presente	participio passato
scendere	essere sceso	scendente, scendenti	sceso, scesi
			scesa, scese

Ainsi se conjuguent v**e**ndere et sv**e**ndere sauf au passé simple : *io vendei/svendei, tu vendesti/svendesti, egli vendé/svendé, essi vend**e**rono/svend**e**rono;* participe passé : *venduto/svenduto.*

scissi, scisso

indicativo presente	passato prossimo		congiuntivo presente	congiuntivo passato	
io scindo	io ho scisso		io scinda	io abbia scisso	
tu scindi	tu hai scisso		tu scinda	tu abbia scisso	
egli scinde	egli ha scisso		egli scinda	egli abbia scisso	
noi scindiamo	noi abbiamo scisso		noi scindiamo	noi abbiamo scisso	
voi scindete	voi avete scisso		voi scindiate	voi abbiate scisso	
essi scindono	essi hanno scisso		essi scindano	essi abbiano scisso	

indicativo imperfetto	trapassato prossimo		congiuntivo imperfetto	congiuntivo trapassato	
io scindevo	io avevo scisso		io scindessi	io avessi scisso	
tu scindevi	tu avevi scisso		tu scindessi	tu avessi scisso	
egli scindeva	egli aveva scisso		egli scindesse	egli avesse scisso	
noi scindevamo	noi avevamo scisso		noi scindessimo	noi avessimo scisso	
voi scindevate	voi avevate scisso		voi scindeste	voi aveste scisso	
essi scindevano	essi avevano scisso		essi scindessero	essi avessero scisso	

passato remoto	trapassato remoto		condizionale presente	condizionale passato	
io scissi	io ebbi scisso		io scinderei	io avrei scisso	
tu scindesti	tu avesti scisso		tu scinderesti	tu avresti scisso	
egli scisse	egli ebbe scisso		egli scinderebbe	egli avrebbe scisso	
noi scindemmo	noi avemmo scisso		noi scinderemmo	noi avremmo scisso	
voi scindeste	voi aveste scisso		voi scindereste	voi avreste scisso	
essi scissero	essi ebbero scisso		essi scinderebbero	essi avrebbero scisso	

futuro semplice	futuro anteriore		imperativo presente	gerundio presente	
io scinderò	io avrò scisso			scindendo	
tu scinderai	tu avrai scisso		scindi (tu)		
egli scinderà	egli avrà scisso		scinda (Lei)		
noi scinderemo	noi avremo scisso		scindiamo (noi)	gerundio passato	
voi scinderete	voi avrete scisso		scindete (voi)	avendo scisso	
essi scinderanno	essi avranno scisso		scindano (Loro)		

infinito presente	infinito passato		participio presente	participio passato	
scindere	aver scisso		scindente, scindenti	scisso, scissi	
				scissa, scisse	

Ainsi se conjuguent discindere; prescindere sauf au passé simple : *io prescindei, egli prescindé, essi prescinderono;* rescindere, passé simple : *io rescissi, egli rescisse, essi rescissero.*

indicativo presente	passato prossimo		congiuntivo presente	congiuntivo passato	
io scrivo	io ho	scritto	io scriva	io abbia	scritto
tu scrivi	tu hai	scritto	tu scriva	tu abbia	scritto
egli scrive	egli ha	scritto	egli scriva	egli abbia	scritto
noi scriviamo	noi abbiamo	scritto	noi scriviamo	noi abbiamo	scritto
voi scrivete	voi avete	scritto	voi scriviate	voi abbiate	scritto
essi scrivono	essi hanno	scritto	essi scrivano	essi abbiano	scritto

indicativo imperfetto	trapassato prossimo		congiuntivo imperfetto	congiuntivo trapassato	
io scrivevo	io avevo	scritto	io scrivessi	io avessi	scritto
tu scrivevi	tu avevi	scritto	tu scrivessi	tu avessi	scritto
egli scriveva	egli aveva	scritto	egli scrivesse	egli avesse	scritto
noi scrivevamo	noi avevamo	scritto	noi scrivessimo	noi avessimo	scritto
voi scrivevate	voi avevate	scritto	voi scriveste	voi aveste	scritto
essi scrivevano	essi avevano	scritto	essi scrivessero	essi avessero	scritto

passato remoto	trapassato remoto		condizionale presente	condizionale passato	
io scrissi	io ebbi	scritto	io scriverei	io avrei	scritto
tu scrivesti	tu avesti	scritto	tu scriveresti	tu avresti	scritto
egli scrisse	egli ebbe	scritto	egli scriverebbe	egli avrebbe	scritto
noi scrivemmo	noi avemmo	scritto	noi scriveremmo	noi avremmo	scritto
voi scriveste	voi aveste	scritto	voi scrivereste	voi avreste	scritto
essi scrissero	essi ebbero	scritto	essi scriverebbero	essi avrebbero	scritto

futuro semplice	futuro anteriore		imperativo presente	gerundio presente
io scriverò	io avrò	scritto		scrivendo
tu scriverai	tu avrai	scritto	scrivi (tu)	
egli scriverà	egli avrà	scritto	scriva (Lei)	
noi scriveremo	noi avremo	scritto	scriviamo (noi)	gerundio passato
voi scriverete	voi avrete	scritto	scrivete (voi)	avendo scritto
essi scriveranno	essi avranno	scritto	scrivano (Loro)	

infinito presente	infinito passato	participio presente	participio passato
scrivere	aver scritto	scrivente, scriventi	scritto, scritti
			scritta, scritte

indicativo presente		passato prossimo			congiuntivo presente		congiuntivo passato		
io	scuoto	io	ho	scosso	io	scuota	io	abbia	scosso
tu	scuoti	tu	hai	scosso	tu	scuota	tu	abbia	scosso
egli	scuote	egli	ha	scosso	egli	scuota	egli	abbia	scosso
noi	sc[u]otiamo	noi	abbiamo	scosso	noi	sc[u]otiamo	noi	abbiamo	scosso
voi	sc[u]otete	voi	avete	scosso	voi	sc[u]otiate	voi	abbiate	scosso
essi	scuotono	essi	hanno	scosso	essi	scuotano	essi	abbiano	scosso

indicativo imperfetto		trapassato prossimo			congiuntivo imperfetto		congiuntivo trapassato		
io	sc[u]otevo	io	avevo	scosso	io	sc[u]otessi	io	avessi	scosso
tu	sc[u]otevi	tu	avevi	scosso	tu	sc[u]otessi	tu	avessi	scosso
egli	sc[u]oteva	egli	aveva	scosso	egli	sc[u]otesse	egli	avesse	scosso
noi	sc[u]otevamo	noi	avevamo	scosso	noi	sc[u]otessimo	noi	avessimo	scosso
voi	sc[u]otevate	voi	avevate	scosso	voi	sc[u]oteste	voi	aveste	scosso
essi	sc[u]otevano	essi	avevano	scosso	essi	sc[u]otessero	essi	avessero	scosso

passato remoto		trapassato remoto			condizionale presente		condizionale passato		
io	scossi	io	ebbi	scosso	io	sc[u]oterei	io	avrei	scosso
tu	sc[u]otesti	tu	avesti	scosso	tu	sc[u]oteresti	tu	avresti	scosso
egli	scosse	egli	ebbe	scosso	egli	sc[u]oterebbe	egli	avrebbe	scosso
noi	sc[u]otemmo	noi	avemmo	scosso	noi	sc[u]oteremmo	noi	avremmo	scosso
voi	sc[u]oteste	voi	aveste	scosso	voi	sc[u]otereste	voi	avreste	scosso
essi	scossero	essi	ebbero	scosso	essi	sc[u]oterebbero	essi	avrebbero	scosso

futuro semplice		futuro anteriore			imperativo presente		gerundio presente	
io	sc[u]oterò	io	avrò	scosso			sc[u]otendo	
tu	sc[u]oterai	tu	avrai	scosso	scuoti	(tu)		
egli	sc[u]oterà	egli	avrà	scosso	scuota	(Lei)		
noi	sc[u]oteremo	noi	avremo	scosso	sc[u]otiamo	(noi)	gerundio passato	
voi	sc[u]oterete	voi	avrete	scosso	sc[u]otete	(voi)	avendo scosso	
essi	sc[u]oteranno	essi	avranno	scosso	scuotano	(Loro)		

infinito presente	infinito passato		participio presente	participio passato
scuotere	aver scosso		sc[u]otente,	scosso, scossi
				scossa, scosse

Dans l'usage courant la forme avec **[u]** s'est imposée : *noi scuotiamo* au lieu de *scotiamo*.
(Voir Grammaire pages 29-30).

indicativo presente	passato prossimo	congiuntivo presente	congiuntivo passato
io siedo, seggo [1]	io sono seduto	io sieda, segga [1]	io sia seduto
tu siedi	tu sei seduto	tu sieda, segga	tu sia seduto
egli siede	egli è seduto	egli sieda, segga	egli sia seduto
noi sediamo	noi siamo seduti	noi sediamo	noi siamo seduti
voi sedete	voi siete seduti	voi sediate	voi siate seduti
essi siedono, seggono [1]	essi sono seduti	essi siedano, seggano [1]	essi siano seduti

indicativo imperfetto	trapassato prossimo	congiuntivo imperfetto	congiuntivo trapassato
io sedevo	io ero seduto	io sedessi	io fossi seduto
tu sedevi	tu eri seduto	tu sedessi	tu fossi seduto
egli sedeva	egli era seduto	egli sedesse	egli fosse seduto
noi sedevamo	noi eravamo seduti	noi sedessimo	noi fossimo seduti
voi sedevate	voi eravate seduti	voi sedeste	voi foste seduti
essi sedevano	essi erano seduti	essi sedessero	essi fossero seduti

passato remoto	trapassato remoto	condizionale presente	condizionale passato
io sedei, sedetti	io fui seduto	io sederei	io sarei seduto
tu sedesti	tu fosti seduto	tu sederesti	tu saresti seduto
egli sedé, sedette	egli fu seduto	egli sederebbe	egli sarebbe seduto
noi sedemmo	noi fummo seduti	noi sederemmo	noi saremmo seduti
voi sedeste	voi foste seduti	voi sedereste	voi sareste seduti
essi sederono, sedettero	essi furono seduti	essi sederebbero	essi sarebbero seduti

futuro semplice	futuro anteriore	imperativo presente	gerundio presente
io sederò	io sarò seduto		sedendo
tu sederai	tu sarai seduto	siedi (tu)	
egli sederà	egli sarà seduto	sieda, segga [1] (Lei)	
noi sederemo	noi saremo seduti	sediamo (noi)	gerundio passato
voi sederete	voi sarete seduti	sedete (voi)	essendo seduto
essi sederanno	essr saranno seduti	siedano, seggano [1] (Loro)	

infinito presente	infinito passato	participio presente	participio passato
sedere	essere seduto	sedente, sedenti	seduto, seduti
			seduta, sedute

Ainsi se conjuguent possedere et risedere mais ils gardent la diphtongue **-ie-** au futur : *io possiederò/risiederò* et au conditionnel présent : *io possiederei/risiederei.*
Risiedere et presiedere ont la diphtongue **-ie-** à toutes les formes : *risiedo..., risiedevo..., risiedei..., risiederò...* (Voir Grammaire pages 29-30).

1) Formes littéraires.

indicativo presente	passato prossimo	
io spargo	io ho	sparso
tu spargi	tu hai	sparso
egli sparge	egli ha	sparso
noi spargiamo	noi abbiamo	sparso
voi spargete	voi avete	sparso
essi spargono	essi hanno	sparso

indicativo imperfetto	trapassato prossimo	
io spargevo	io avevo	sparso
tu spargevi	tu avevi	sparso
egli spargeva	egli aveva	sparso
noi spargevamo	noi avevamo	sparso
voi spargevate	voi avevate	sparso
essi spargevano	essi avevano	sparso

passato remoto	trapassato remoto	
io sparsi	io ebbi	sparso
tu spargesti	tu avesti	sparso
egli sparse	egli ebbe	sparso
noi spargemmo	noi avemmo	sparso
voi spargeste	voi aveste	sparso
essi sparsero	essi ebbero	sparso

futuro semplice	futuro anteriore	
io spargerò	io avrò	sparso
tu spargerai	tu avrai	sparso
egli spargerà	egli avrà	sparso
noi spargeremo	noi avremo	sparso
voi spargerete	voi avrete	sparso
essi spargeranno	essi avranno	sparso

infinito presente	infinito passato
spargere	aver sparso

congiuntivo presente	congiuntivo passato	
io sparga	io abbia	sparso
tu sparga	tu abbia	sparso
egli sparga	egli abbia	sparso
noi spargiamo	noi abbiamo	sparso
voi spargiate	voi abbiate	sparso
essi spargano	essi abbiano	sparso

congiuntivo imperfetto	congiuntivo trapassato	
io spargessi	io avessi	sparso
tu spargessi	tu avessi	sparso
egli spargesse	egli avesse	sparso
noi spargessimo	noi avessimo	sparso
voi spargeste	voi aveste	sparso
essi spargessero	essi avessero	sparso

condizionale presente	condizionale passato	
io spargerei	io avrei	sparso
tu spargeresti	tu avresti	sparso
egli spargerebbe	egli avrebbe	sparso
noi spargeremmo	noi avremmo	sparso
voi spargereste	voi avreste	sparso
essi spargerebbero	essi avrebbero	sparso

imperativo presente	gerundio presente
	spargendo
spargi (tu)	
sparga (Lei)	
spargiamo (noi)	**gerundio passato**
spargete (voi)	avendo sparso
spargano (Loro)	

participio presente	participio passato
spargente, spargenti	sparso, sparsi
	sparsa, sparse

indicativo presente		passato prossimo		
io	spengo	io	ho	spento
tu	spegni	tu	hai	spento
egli	spegne	egli	ha	spento
noi	spegniamo	noi	abbiamo	spento
voi	spegnete	voi	avete	spento
essi	spengono	essi	hanno	spento

congiuntivo presente		congiuntivo passato		
io	spenga	io	abbia	spento
tu	spenga	tu	abbia	spento
egli	spenga	egli	abbia	spento
noi	spegniamo	noi	abbiamo	spento
voi	spegniate	voi	abbiate	spento
essi	spengano	essi	abbiano	spento

indicativo imperfetto		trapassato prossimo		
io	spegnevo	io	avevo	spento
tu	spegnevi	tu	avevi	spento
egli	spegneva	egli	aveva	spento
noi	spegnevamo	noi	avevamo	spento
voi	spegnevate	voi	avevate	spento
essi	spegnevano	essi	avevano	spento

congiuntivo imperfetto		congiuntivo trapassato		
io	spegnessi	io	avessi	spento
tu	spegnessi	tu	avessi	spento
egli	spegnesse	egli	avesse	spento
noi	spegnessimo	noi	avessimo	spento
voi	spegneste	voi	aveste	spento
essi	spegnessero	essi	avessero	spento

passato remoto		trapassato remoto		
io	spensi	io	ebbi	spento
tu	spegnesti	tu	avesti	spento
egli	spense	egli	ebbe	spento
noi	spegnemmo	noi	avemmo	spento
voi	spegneste	voi	aveste	spento
essi	spensero	essi	ebbero	spento

condizionale presente		condizionale passato		
io	spegnerei	io	avrei	spento
tu	spegneresti	tu	avresti	spento
egli	spegnerebbe	egli	avrebbe	spento
noi	spegneremmo	noi	avremmo	spento
voi	spegnereste	voi	avreste	spento
essi	spegnerebbero	essi	avrebbero	spento

futuro semplice		futuro anteriore		
io	spegnerò	io	avrò	spento
tu	spegnerai	tu	avrai	spento
egli	spegnerà	egli	avrà	spento
noi	spegneremo	noi	avremo	spento
voi	spegnerete	voi	avrete	spento
essi	spegneranno	essi	avranno	spento

imperativo presente	
spegni	(tu)
spenga	(Lei)
spegniamo	(noi)
spegnete	(voi)
spengano	(Loro)

gerundio presente

spengendo

gerundio passato

avendo spento

infinito presente	infinito passato
spegnere	aver spento

participio presente	participio passato
spegnente, spegnenti	spento, spenti
	spenta, spente

■ Ainsi se conjugue spengere (tosc. ou litt.) qui a la même signification que spegnere.

indicativo presente	passato prossimo		congiuntivo presente	congiuntivo passato	
io stringo	io ho stretto		io stringa	io abbia stretto	
tu stringi	tu hai stretto		tu stringa	tu abbia stretto	
egli stringe	egli ha stretto		egli stringa	egli abbia stretto	
noi stringiamo	noi abbiamo stretto		noi stringiamo	noi abbiamo stretto	
voi stringete	voi avete stretto		voi stringiate	voi abbiate stretto	
essi stringono	essi hanno stretto		essi stringano	essi abbiano stretto	

indicativo imperfetto	trapassato prossimo		congiuntivo imperfetto	congiuntivo trapassato	
io stringevo	io avevo stretto		io stringessi	io avessi stretto	
tu stringevi	tu avevi stretto		tu stringessi	tu avessi stretto	
egli stringeva	egli aveva stretto		egli stringesse	egli avesse stretto	
noi stringevamo	noi avevamo stretto		noi stringessimo	noi avessimo stretto	
voi stringevate	voi avevate stretto		voi stringeste	voi aveste stretto	
essi stringevano	essi avevano stretto		essi stringessero	essi avessero stretto	

passato remoto	trapassato remoto		condizionale presente	condizionale passato	
io strinsi	io ebbi stretto		io stringerei	io avrei stretto	
tu stringesti	tu avesti stretto		tu stringeresti	tu avresti stretto	
egli strinse	egli ebbe stretto		egli stringerebbe	egli avrebbe stretto	
noi stringemmo	noi avemmo stretto		noi stringeremmo	noi avremmo stretto	
voi stringeste	voi aveste stretto		voi stringereste	voi avreste stretto	
essi strinsero	essi ebbero stretto		essi stringerebbero	essi avrebbero stretto	

futuro semplice	futuro anteriore		imperativo presente	gerundio presente
io stringerò	io avrò stretto			stringendo
tu stringerai	tu avrai stretto		stringi (tu)	
egli stringerà	egli avrà stretto		stringa (Lei)	
noi stringeremo	noi avremo stretto		stringiamo (noi)	gerundio passato
voi stringerete	voi avrete stretto		stringete (voi)	avendo stretto
essi stringeranno	essi avranno stretto		stringano (Loro)	

infinito presente	infinito passato		participio presente	participio passato
stringere	aver stretto		stringente, stringenti	stretto, stretti stretta, strette

indicativo presente	passato prossimo		congiuntivo presente	congiuntivo passato	
io svello	io ho svelto		io svella	io abbia svelto	
tu svelli	tu hai svelto		tu svella	tu abbia svelto	
egli svelle	egli ha svelto		egli svella	egli abbia svelto	
noi svelliamo	noi abbiamo svelto		noi svelliamo	noi abbiamo svelto	
voi svellete	voi avete svelto		voi svelliate	voi abbiate svelto	
essi svellono	essi hanno svelto		essi svellano	essi abbiano svelto	

indicativo imperfetto	trapassato prossimo		congiuntivo imperfetto	congiuntivo trapassato	
io svellevo	io avevo svelto		io svellessi	io avessi svelto	
tu svellevi	tu avevi svelto		tu svellessi	tu avessi svelto	
egli svelleva	egli aveva svelto		egli svellesse	egli avesse svelto	
noi svellevamo	noi avevamo svelto		noi svellessimo	noi avessimo svelto	
voi svellevate	voi avevate svelto		voi svelleste	voi aveste svelto	
essi svellevano	essi avevano svelto		essi svellessero	essi avessero svelto	

passato remoto	trapassato remoto		condizionale presente	condizionale passato	
io svelsi	io ebbi svelto		io svellerei	io avrei svelto	
tu svellesti	tu avesti svelto		tu svelleresti	tu avresti svelto	
egli svelse	egli ebbe svelto		egli svellerebbe	egli avrebbe svelto	
noi svellemmo	noi avemmo svelto		noi svelleremmo	noi avremmo svelto	
voi svelleste	voi aveste svelto		voi svellereste	voi avreste svelto	
essi svelsero	essi ebbero svelto		essi svellerebbero	essi avrebbero svelto	

futuro semplice	futuro anteriore		imperativo presente	gerundio presente	
io svellerò	io avrò svelto			svellendo	
tu svellerai	tu avrai svelto		svelli (tu)		
egli svellerà	egli avrà svelto		svella (Lei)		
noi svelleremo	noi avremo svelto		svelliamo (noi)	gerundio passato	
voi svellerete	voi avrete svelto		svellete (voi)	avendo svelto	
essi svelleranno	essi avranno svelto		svellano (Loro)		

infinito presente	infinito passato		participio presente	participio passato	
svellere	aver svelto		svellente, svellenti	svelto, svelti	
				svelta, svelte	

Ainsi se conjuguent revellere sauf au passé simple : *io revulsi, tu revellesti, egli revulse, noi revellemmo, voi revelleste, essi revulsero* et au participe passé *revulso;* eccellere participe passé rare : *eccelso.*

indicativo presente	passato prossimo		congiuntivo presente	congiuntivo passato	
io tengo	io ho	tenuto	io tenga	io abbia	tenuto
tu tieni	tu hai	tenuto	tu tenga	tu abbia	tenuto
egli tiene	egli ha	tenuto	egli tenga	egli abbia	tenuto
noi teniamo	noi abbiamo	tenuto	noi teniamo	noi abbiamo	tenuto
voi tenete	voi avete	tenuto	voi teniate	voi abbiate	tenuto
essi tengono	essi hanno	tenuto	essi tengano	essi abbiano	tenuto

indicativo imperfetto	trapassato prossimo		congiuntivo imperfetto	congiuntivo trapassato	
io tenevo	io avevo	tenuto	io tenessi	io avessi	tenuto
tu tenevi	tu avevi	tenuto	tu tenessi	tu avessi	tenuto
egli teneva	egli aveva	tenuto	egli tenesse	egli avesse	tenuto
noi tenevamo	noi avevamo	tenuto	noi tenessimo	noi avessimo	tenuto
voi tenevate	voi avevate	tenuto	voi teneste	voi aveste	tenuto
essi tenevano	essi avevano	tenuto	essi tenessero	essi avessero	tenuto

passato remoto	trapassato remoto		condizionale presente	condizionale passato	
io tenni, tenei	io ebbi	tenuto	io terrei	io avrei	tenuto
tu tenesti	tu avesti	tenuto	tu terresti	tu avresti	tenuto
egli tenne, tené	egli ebbe	tenuto	egli terrebbe	egli avrebbe	tenuto
noi tenemmo	noi avemmo	tenuto	noi terremmo	noi avremmo	tenuto
voi teneste	voi aveste	tenuto	voi terreste	voi avreste	tenuto
essi tennero, tenerono	essi ebbero	tenuto	essi terrebbero	essi avrebbero	tenuto

futuro semplice	futuro anteriore		imperativo presente	gerundio presente
io terrò	io avrò	tenuto		tenendo
tu terrai	tu avrai	tenuto	tieni (tu)	
egli terrà	egli avrà	tenuto	tenga (Lei)	
noi terremo	noi avremo	tenuto	teniamo (noi)	gerundio passato
voi terrete	voi avrete	tenuto	tenete (voi)	
essi terranno	essi avranno	tenuto	tengano (Loro)	avendo tenuto

infinito presente	infinito passato	partic600 presente	participio passato
tenere	aver tenuto	tenente, tenenti	tenuto, tenuti
			tenuta, tenute

■ Autres formes moins employées du passé simple : *io tenetti/egli tenette/essi tenettero*.

indicativo presente	passato prossimo
io torco	io ho torto
tu torci	tu hai torto
egli torce	egli ha torto
noi torciamo	noi abbiamo torto
voi torcete	voi avete torto
essi torcono	essi hanno torto

indicativo imperfetto	trapassato prossimo
io torcevo	io avevo torto
tu torcevi	tu avevi torto
egli torceva	egli aveva torto
noi torcevamo	noi avevamo torto
voi torcevate	voi avevate torto
essi torcevano	essi avevano torto

passato remoto	trapassato remoto
io torsi	io ebbi torto
tu torcesti	tu avesti torto
egli torse	egli ebbe torto
noi torcemmo	noi avemmo torto
voi torceste	voi aveste torto
essi torsero	essi ebbero torto

futuro semplice	futuro anteriore
io torcerò	io avrò torto
tu torcerai	tu avrai torto
egli torcerà	egli avrà torto
noi torceremo	noi avremo torto
voi torcerete	voi avrete torto
essi torceranno	essi avranno torto

infinito presente	infinito passato
torcere	aver torto

congiuntivo presente	congiuntivo passato
io torca	io abbia torto
tu torca	tu abbia torto
egli torca	egli abbia torto
noi torciamo	noi abbiamo torto
voi torciate	voi abbiate torto
essi torcano	essi abbiano torto

congiuntivo imperfetto	congiuntivo trapassato
io torcessi	io avessi torto
tu torcessi	tu avessi torto
egli torcesse	egli avesse torto
noi torcessimo	noi avessimo torto
voi torceste	voi aveste torto
essi torcessero	essi avessero torto

condizionale presente	condizionale passato
io torcerei	io avrei torto
tu torceresti	tu avresti torto
egli torcerebbe	egli avrebbe torto
noi torceremmo	noi avremmo torto
voi torcereste	voi avreste torto
essi torcerebbero	essi avrebbero torto

imperativo presente	gerundio presente
	torcendo
torci (tu)	
torca (Lei)	gerundio passato
torciamo (noi)	avendo torto
torcete (voi)	
torcano (Loro)	

participio presente	participio passato
torcente, torcenti	torto, torti
	torta, torte

indicativo presente	passato prossimo		congiuntivo presente	congiuntivo passato	
io traggo	io ho	tratto	io tragga	io abbia	tratto
tu trai	tu hai	tratto	tu tragga	tu abbia	tratto
egli trae	egli ha	tratto	egli tragga	egli abbia	tratto
noi traiamo	noi abbiamo	tratto	noi traiamo	noi abbiamo	tratto
voi traete	voi avete	tratto	voi traiate	voi abbiate	tratto
essi traggono	essi hanno	tratto	essi traggano	essi abbiano	tratto

indicativo imperfetto	trapassato prossimo		congiuntivo imperfetto	congiuntivo trapassato	
io traevo	io avevo	tratto	io traessi	io avessi	tratto
tu traevi	tu avevi	tratto	tu traessi	tu avessi	tratto
egli traeva	egli aveva	tratto	egli traesse	egli avesse	tratto
noi traevamo	noi avevamo	tratto	noi traessimo	noi avessimo	tratto
voi traevate	voi avevate	tratto	voi traeste	voi aveste	tratto
essi traevano	essi avevano	tratto	essi traessero	essi avessero	tratto

passato remoto	trapassato remoto		condizionale presente	condizionale passato	
io trassi	io ebbi	tratto	io trarrei	io avrei	tratto
tu traesti	tu avesti	tratto	tu trarresti	tu avresti	tratto
egli trasse	egli ebbe	tratto	egli trarrebbe	egli avrebbe	tratto
noi traemmo	noi avemmo	tratto	noi trarremmo	noi avremmo	tratto
voi traeste	voi aveste	tratto	voi trarreste	voi avreste	tratto
essi trassero	essi ebbero	tratto	essi trarrebbero	essi avrebbero	tratto

futuro semplice	futuro anteriore		imperativo presente	gerundio presente
io trarrò	io avrò	tratto		traendo
tu trarrai	tu avrai	tratto	trai (tu)	
egli trarrà	egli avrà	tratto	tragga (Lei)	
noi trarremo	noi avremo	tratto	traiamo (noi)	gerundio passato
voi trarrete	voi avrete	tratto	traete (voi)	avendo tratto
essi trarranno	essi avranno	tratto	traggano (Loro)	

infinito presente	infinito passato	participio presente	participio passato
trarre	aver tratto	traente, traenti	tratto, tratti
			tratta, tratte

Ainsi se conjuguent attrarre, astrarre, contrarre, detrarre, distrarre, estrarre, protrarre, rattrarre, ritrarre, sottrarre, traggere (forme archaïque de trarre).

indicativo presente	passato prossimo		congiuntivo presente	congiuntivo passato	
io valgo	io ho	valso	io valga	io abbia	valso
tu vali	tu hai	valso	tu valga	tu abbia	valso
egli vale	egli ha	valso	egli valga	egli abbia	valso
noi valiamo	noi abbiamo	valso	noi valiamo	noi abbiamo	valso
voi valete	voi avete	valso	voi valiate	voi abbiate	valso
essi valgono	essi hanno	valso	essi valgano	essi abbiano	valso

indicativo imperfetto	trapassato prossimo		congiuntivo imperfetto	congiuntivo trapassato	
io valevo	io avevo	valso	io valessi	io avessi	valso
tu valevi	tu avevi	valso	tu valessi	tu avessi	valso
egli valeva	egli aveva	valso	egli valesse	egli avesse	valso
noi valevamo	noi avevamo	valso	noi valessimo	noi avessimo	valso
voi valevate	voi avevate	valso	voi valeste	voi aveste	valso
essi valevano	essi avevano	valso	essi valessero	essi avessero	valso

passato remoto	trapassato remoto		condizionale presente	condizionale passato	
io valsi	io ebbi	valso	io varrei	io avrei	valso
tu valesti	tu avesti	valso	tu varresti	tu avresti	valso
egli valse	egli ebbe	valso	egli varrebbe	egli avrebbe	valso
noi valemmo	noi avemmo	valso	noi varremmo	noi avremmo	valso
voi valeste	voi aveste	valso	voi varreste	voi avreste	valso
essi valsero	essi ebbero	valso	essi varrebbero	essi avrebbero	valso

futuro semplice	futuro anteriore		imperativo presente	gerundio presente	
io varrò	io avrò	valso		valendo	
tu varrai	tu avrai	valso	vali (tu)		
egli varrà	egli avrà	valso	valga (Lei)		
noi varremo	noi avremo	valso	valiamo (noi)	gerundio passato	
voi varrete	voi avrete	valso	valete (voi)	avendo valso	
essi varranno	essi avranno	valso	valgano (Loro)		

infinito presente	infinito passato	congiuntivo presente	particicipio presente	participio passato
valere	aver valso		valente, valenti	valso, valsi
				valsa, valse

Ainsi se conjugue calere (avoir à cœur) à la 3e personne du singulier : *cale, caleva, calse, caglia, calesse, carrebbe, calendo, caluto*. Il est employé uniquement à la forme négative : *non mi cale*.

indicativo presente		passato prossimo		
io	vedo[1]	io	ho	visto
tu	vedi	tu	hai	visto
egli	vede	egli	ha	visto
noi	vediamo	noi	abbiamo	visto
voi	vedete	voi	avete	visto
essi	vedono[1]	essi	hanno	visto

indicativo imperfetto		trapassato prossimo		
io	vedevo	io	avevo	visto
tu	vedevi	tu	avevi	visto
egli	vedeva	egli	aveva	visto
noi	vedevamo	noi	avevamo	visto
voi	vedevate	voi	avevate	visto
essi	vedevano	essi	avevano	visto

passato remoto		trapassato remoto		
io	vidi	io	ebbi	visto
tu	vedesti	tu	avesti	visto
egli	vide	egli	ebbe	visto
noi	vedemmo	noi	avemmo	visto
voi	vedeste	voi	aveste	visto
essi	videro	essi	ebbero	visto

futuro semplice		futuro anteriore		
io	vedrò	io	avrò	visto
tu	vedrai	tu	avrai	visto
egli	vedrà	egli	avrà	visto
noi	vedremo	noi	avremo	visto
voi	vedrete	voi	avrete	visto
essi	vedranno	essi	avranno	visto

infinito presente	infinito passato
vedere	aver visto

congiuntivo presente		congiuntivo passato		
io	veda[1]	io	abbia	visto
tu	veda	tu	abbia	visto
egli	veda	egli	abbia	visto
noi	vediamo	noi	abbiamo	visto
voi	vediate	voi	abbiate	visto
essi	vedano[1]	essi	abbiano	visto

congiuntivo imperfetto		congiuntivo trapassato		
io	vedessi	io	avessi	visto
tu	vedessi	tu	avessi	visto
egli	vedesse	egli	avesse	visto
noi	vedessimo	noi	avessimo	visto
voi	vedeste	voi	aveste	visto
essi	vedessero	essi	avessero	visto

condizionale presente		condizionale passato		
io	vedrei	io	avrei	visto
tu	vedresti	tu	avresti	visto
egli	vedrebbe	egli	avrebbe	visto
noi	vedremmo	noi	avremmo	visto
voi	vedreste	voi	avreste	visto
essi	vedrebbero	essi	avrebbero	visto

imperativo presente		gerundio presente
		vedendo
vedi	(tu)	
veda	(Lei)	
vediamo	(noi)	gerundio passato
vedete	(voi)	avendo visto
vedano	(Loro)	

participio presente	participio passato
vedente, vedenti	visto, visti
veggente, veggenti[2]	vista, viste
	veduto, veduti
	veduta, vedute

Se conjuguent sur le même modèle prevedere, provvedere, ravvedersi sauf au futur : *io prevederò...* et au conditionnel présent : *io prevederei...;* godere sauf aux formes suivantes du passé simple : *io godei, egli godé, essi goderono;* participe passé : *goduto;* participe présent : *gaudente.*

1) Autres formes plus littéraires et poétiques : *veggo/veggono; vegga/veggano.*
2) Autre forme rare du participe présent employée comme adjectif et nom : devin, voyant.

indicativo presente	passato prossimo			congiuntivo presente	congiuntivo passato		
io vinco	io	ho	vinto	io vinca	io	abbia	vinto
tu vinci	tu	hai	vinto	tu vinca	tu	abbia	vinto
egli vince	egli	ha	vinto	egli vinca	egli	abbia	vinto
noi vinciamo	noi	abbiamo	vinto	noi vinciamo	noi	abbiamo	vinto
voi vincete	voi	avete	vinto	voi vinciate	voi	abbiate	vinto
essi vincono	essi	hanno	vinto	essi vincano	essi	abbiano	vinto

indicativo imperfetto	trapassato prossimo			congiuntivo imperfetto	congiuntivo trapassato		
io vincevo	io	avevo	vinto	io vincessi	io	avessi	vinto
tu vincevi	tu	avevi	vinto	tu vincessi	tu	avessi	vinto
egli vinceva	egli	aveva	vinto	egli vincesse	egli	avesse	vinto
noi vincevamo	noi	avevamo	vinto	noi vincessimo	noi	avessimo	vinto
voi vincevate	voi	avevate	vinto	voi vinceste	voi	aveste	vinto
essi vincevano	essi	avevano	vinto	essi vincessero	essi	avessero	vinto

passato remoto	trapassato remoto			condizionale presente	condizionale passato		
io vinsi	io	ebbi	vinto	io vincerei	io	avrei	vinto
tu vincesti	tu	avesti	vinto	tu vinceresti	tu	avresti	vinto
egli vinse	egli	ebbe	vinto	egli vincerebbe	egli	avrebbe	vinto
noi vincemmo	noi	avemmo	vinto	noi vinceremmo	noi	avremmo	vinto
voi vinceste	voi	aveste	vinto	voi vincereste	voi	avreste	vinto
essi vinsero	essi	ebbero	vinto	essi vincerebbero	essi	avrebbero	vinto

futuro semplice	futuro anteriore			imperativo presente	gerundio presente
io vincerò	io	avrò	vinto		vincendo
tu vincerai	tu	avrai	vinto	vinci (tu)	
egli vincerà	egli	avrà	vinto	vinca (Lei)	
noi vinceremo	noi	avremo	vinto	vinciamo (noi)	gerundio passato
voi vincerete	voi	avrete	vinto	vincete (voi)	avendo vinto
essi vinceranno	essi	avranno	vinto	vincano (Loro)	

infinito presente	infinito passato	congiuntivo presente	participio presente	participio passato
vincere	avere vinto		vincente, vincenti	vinto, vinti
				vinta, vinte

indicativo presente	passato prossimo		congiuntivo presente	congiuntivo passato	
io vivo	io ho	vissuto	io viva	io abbia	vissuto
tu vivi	tu hai	vissuto	tu viva	tu abbia	vissuto
egli vive	egli ha	vissuto	egli viva	egli abbia	vissuto
noi viviamo	noi abbiamo	vissuto	noi viviamo	noi abbiamo	vissuto
voi vivete	voi avete	vissuto	voi viviate	voi abbiate	vissuto
essi vivono	essi hanno	vissuto	essi vivano	essi abbiano	vissuto

indicativo imperfetto	trapassato prossimo		congiuntivo imperfetto	congiuntivo trapassato	
io vivevo	io avevo	vissuto	io vivessi	io avessi	vissuto
tu vivevi	tu avevi	vissuto	tu vivessi	tu avessi	vissuto
egli viveva	egli aveva	vissuto	egli vivesse	egli avesse	vissuto
noi vivevamo	noi avevamo	vissuto	noi vivessimo	noi avessimo	vissuto
voi vivevate	voi avevate	vissuto	voi viveste	voi aveste	vissuto
essi vivevano	essi avevano	vissuto	essi vivessero	essi avessero	vissuto

passato remoto	trapassato remoto		condizionale presente	condizionale passato	
io vissi	io ebbi	vissuto	io vivrei	io avrei	vissuto
tu vivesti	tu avesti	vissuto	tu vivresti	tu avresti	vissuto
egli visse	egli ebbe	vissuto	egli vivrebbe	egli avrebbe	vissuto
noi vivemmo	noi avemmo	vissuto	noi vivremmo	noi avremmo	vissuto
voi viveste	voi aveste	vissuto	voi vivreste	voi avreste	vissuto
essi vissero	essi ebbero	vissuto	essi vivrebbero	essi avrebbero	vissuto

futuro semplice	futuro anteriore		imperativo presente	gerundio presente
io vivrò	io avrò	vissuto		vivendo
tu vivrai	tu avrai	vissuto	vivi (tu)	
egli vivrà	egli avrà	vissuto	viva (Lei)	
noi vivremo	noi avremo	vissuto	viviamo (noi)	gerundio passato
voi vivrete	voi avrete	vissuto	vivete (voi)	
essi vivranno	essi avranno	vissuto	vivano (Loro)	avendo vissuto

infinito presente	infinito passato	participio presente	participio passato
vivere	aver vissuto	vivente, viventi	vissuto, vissuti
			vissuta, vissute

Ainsi se conjuguent convivere, rivivere, sopravvivere qui peuvent avoir une deuxième forme non contractée au futur : *io convivrò...* et au conditionnel présent : *io convivrei...*

indicativo presente	passato prossimo		congiuntivo presente	congiuntivo passato	
io voglio	io ho	voluto	io voglia	io abbia	voluto
tu vuoi	tu hai	voluto	tu voglia	tu abbia	voluto
egli vuole	egli ha	voluto	egli voglia	egli abbia	voluto
noi vogliamo	noi abbiamo	voluto	noi vogliamo	noi abbiamo	voluto
voi volete	voi avete	voluto	voi vogliate	voi abbiate	voluto
essi vogliono	essi hanno	voluto	essi vogliano	essi abbiano	voluto

indicativo imperfetto	trapassato prossimo		congiuntivo imperfetto	congiuntivo trapassato	
io volevo	io avevo	voluto	io volessi	io avessi	voluto
tu volevi	tu avevi	voluto	tu volessi	tu avessi	voluto
egli voleva	egli aveva	voluto	egli volesse	egli avesse	voluto
noi volevamo	noi avevamo	voluto	noi volessimo	noi avessimo	voluto
voi volevate	voi avevate	voluto	voi voleste	voi aveste	voluto
essi volevano	essi avevano	voluto	essi volessero	essi avessero	voluto

passato remoto	trapassato remoto		condizionale presente	condizionale passato	
io volli	io ebbi	voluto	io vorrei	io avrei	voluto
tu volesti	tu avesti	voluto	tu vorresti	tu avresti	voluto
egli volle	egli ebbe	voluto	egli vorrebbe	egli avrebbe	voluto
noi volemmo	noi avemmo	voluto	noi vorremmo	noi avremmo	voluto
voi voleste	voi aveste	voluto	voi vorreste	voi avreste	voluto
essi vollero	essi ebbero	voluto	essi vorrebbero	essi avrebbero	voluto

futuro semplice	futuro anteriore		imperativo presente	gerundio presente
io vorrò	io avrò	voluto		volendo
tu vorrai	tu avrai	voluto	vuoi (tu)	
egli vorrà	egli avrà	voluto	voglia (Lei)	
noi vorremo	noi avremo	voluto	vogliamo (noi)	gerundio passato
voi vorrete	voi avrete	voluto	volete (voi)	
essi vorranno	essi avranno	voluto	vogliano (Loro)	avendo voluto

infinito presente	infinito passato	participio presente	participio passato
volere	aver voluto	volente, volenti	voluto, voluti
			voluta, volute

Employé seul, volere se conjugue avec l'auxiliaire **avere** aux temps composés. Suivi d'un autre verbe il prend l'auxiliaire qui convient à ce verbe.
Ho voluto studiare tranquillamente (ho studiato).
Sono voluto partire subito (sono partito).
Toutefois dans l'italien contemporain on a tendance à utiliser **avere** dans tous les cas.
Quand l'infinitif est un verbe réfléchi ou pronominal on a :
– l'auxiliaire **essere** si le pronom personnel complément précède le verbe : *Mi sono voluto lavare.*
– l'auxiliaire **avere** si le pronom personnel complément suit le verbe : *Ho voluto lavarmi.*

indicativo presente		passato prossimo	
io	volgo	io	ho volto
tu	volgi	tu	hai volto
egli	volge	egli	ha volto
noi	volgiamo	noi	abbiamo volto
voi	volgete	voi	avete volto
essi	volgono	essi	hanno volto

indicativo imperfetto		trapassato prossimo	
io	volgevo	io	avevo volto
tu	volgevi	tu	avevi volto
egli	volgeva	egli	aveva volto
noi	volgevamo	noi	avevamo volto
voi	volgevate	voi	avevate volto
essi	volgevano	essi	avevano volto

passato remoto		trapassato remoto	
io	volsi	io	ebbi volto
tu	volgesti	tu	avesti volto
egli	volse	egli	ebbe volto
noi	volgemmo	noi	avemmo volto
voi	volgeste	voi	aveste volto
essi	volsero	essi	ebbero volto

futuro semplice		futuro anteriore	
io	volgerò	io	avrò volto
tu	volgerai	tu	avrai volto
egli	volgerà	egli	avrà volto
noi	volgeremo	noi	avremo volto
voi	volgerete	voi	avrete volto
essi	volgeranno	essi	avranno volto

infinito presente	infinito passato
volgere	aver volto

congiuntivo presente		congiuntivo passato	
io	volga	io	abbia volto
tu	volga	tu	abbia volto
egli	volga	egli	abbia volto
noi	volgiamo	noi	abbiamo volto
voi	volgiate	voi	abbiate volto
essi	volgano	essi	abbiano volto

congiuntivo imperfetto		congiuntivo trapassato	
io	volgessi	io	avessi volto
tu	volgessi	tu	avessi volto
egli	volgesse	egli	avesse volto
noi	volgessimo	noi	avessimo volto
voi	volgeste	voi	aveste volto
essi	volgessero	essi	avessero volto

condizionale presente		condizionale passato	
io	volgerei	io	avrei volto
tu	volgeresti	tu	avresti volto
egli	volgerebbe	egli	avrebbe volto
noi	volgeremmo	noi	avremmo volto
voi	volgereste	voi	avreste volto
essi	volgerebbero	essi	avrebbero volto

imperativo presente	gerundio presente
	volgendo
volgi (tu)	
volga (Lei)	gerundio passato
volgiamo (noi)	
volgete (voi)	avendo volto
volgano (Loro)	

participio presente	participio passato
volgente, volgenti	volto, volti
	volta, volte

indicativo presente	indicativo imperfetto	passato remoto
io soglio	io solevo	io solei[1]
tu suoli	tu solevi	tu solesti
egli suole	egli soleva	egli solé
noi sogliamo	noi solevamo	noi solemmo
voi solete	voi solevate	voi soleste
essi sogliono	essi solevano	essi solerono

congiuntivo presente	congiuntivo imperfetto	gerundio presente	participio passato
io soglia	io solessi	solendo	solito
tu soglia	tu solessi		
egli soglia	egli solesse		
noi sogliamo	noi solessimo		
voi sogliate	voi soleste		
essi sogliano	essi solessero		

1) Formes rares remplacées par la locution : *essere solito (io fui solito...)*
2) Seulement avec valeur d'adjectif : habituel.

indicativo presente	indicativo imperfetto	passato remoto	futuro semplice
io suggo	io suggevo	io suggei, suggetti	io suggerò
tu suggi	tu suggevi	tu suggesti	tu suggerai
egli sugge	egli suggeva	egli suggé, suggette	egli suggerà
noi suggiamo	noi suggevamo	noi suggemmo	noi suggeremo
voi suggete	voi suggevate	voi suggeste	voi suggerete
essi suggono	essi suggevano	essi suggerono, suggettero	essi suggeranno

congiuntivo presente	congiuntivo imperfetto	condizionale presente	imperativo presente
io sugga	io suggessi	io suggerei	
tu sugga	tu suggessi	tu suggeresti	suggi tu
egli sugga	egli suggesse	egli suggerebbe	sugga egli
noi suggiamo	noi suggessimo	noi suggeremmo	suggiamo noi
voi suggiate	voi suggeste	voi suggereste	suggete voi
essi suggano	essi suggessero	essi suggerebbero	suggano essi

gerundio presente	participio presente
suggendo	suggente

indicativo presente	passato prossimo		congiuntivo presente	congiuntivo passato	
io sento	io ho	sentito	io senta	io abbia	sentito
tu senti	tu hai	sentito	tu senta	tu abbia	sentito
egli sente	egli ha	sentito	egli senta	egli abbia	sentito
noi sentiamo	noi abbiamo	sentito	noi sentiamo	noi abbiamo	sentito
voi sentite	voi avete	sentito	voi sentiate	voi abbiate	sentito
essi sentono	essi hanno	sentito	essi sentano	essi abbiano	sentito

indicativo imperfetto	trapassato prossimo		congiuntivo imperfetto	congiuntivo trapassato	
io sentivo	io avevo	sentito	io sentissi	io avessi	sentito
tu sentivi	tu avevi	sentito	tu sentissi	tu avessi	sentito
egli sentiva	egli aveva	sentito	egli sentisse	egli avesse	sentito
noi sentivamo	noi avevamo	sentito	noi sentissimo	noi avessimo	sentito
voi sentivate	voi avevate	sentito	voi sentiste	voi aveste	sentito
essi sentivano	essi avevano	sentito	essi sentissero	essi avessero	sentito

passato remoto	trapassato remoto		condizionale presente	condizionale passato	
io sentii	io ebbi	sentito	io sentirei	io avrei	sentito
tu sentisti	tu avesti	sentito	tu sentiresti	tu avresti	sentito
egli sentì	egli ebbe	sentito	egli sentirebbe	egli avrebbe	sentito
noi sentimmo	noi avemmo	sentito	noi sentiremmo	noi avremmo	sentito
voi sentiste	voi aveste	sentito	voi sentireste	voi avreste	sentito
essi sentirono	essi ebbero	sentito	essi sentirebbero	essi avrebbero	sentito

futuro semplice	futuro anteriore		imperativo presente	gerundio presente
io sentirò	io avrò	sentito		sentendo
tu sentirai	tu avrai	sentito	senti (tu)	
egli sentirà	egli avrà	sentito	senta (Lei)	
noi sentiremo	noi avremo	sentito	sentiamo (noi)	gerundio passato
voi sentirete	voi avrete	sentito	sentite (voi)	avendo sentito
essi sentiranno	essi avranno	sentito	sentano (Loro)	

infinito presente	infinito passato	participio presente	participio passato
sentire	aver sentito	senziente, senzienti [1]	sentito, sentiti
			sentita, sentite

Ainsi se conjuguent dormire, servire sauf au participe présent où ils ont deux formes : *dormiente/i* (substantif), *dormente/i* (adjectif) ; *servente* (participe présent), *serviente* (substantif).
Les verbes applaudire, anguire mentire, nutrire et riassorbire se conjuguent sur ce modèle mais peuvent aussi se conjuguer sur **finire** (100).

▮ 1) Employé uniquement comme adjectif.

indicativo presente	passato prossimo		congiuntivo presente	congiuntivo passato	
io finisco	io ho finito		io finisca	io abbia finito	
tu finisci	tu hai finito		tu finisca	tu abbia finito	
egli finisce	egli ha finito		egli finisca	egli abbia finito	
noi finiamo	noi abbiamo finito		noi finiamo	noi abbiamo finito	
voi finite	voi avete finito		voi finiate	voi abbiate finito	
essi finiscono	essi hanno finito		essi finiscano	essi abbiano finito	

indicativo imperfetto	trapassato prossimo		congiuntivo imperfetto	congiuntivo trapassato	
io finivo	io avevo finito		io finissi	io avessi finito	
tu finivi	tu avevi finito		tu finissi	tu avessi finito	
egli finiva	egli aveva finito		egli finisse	egli avesse finito	
noi finivamo	noi avevamo finito		noi finissimo	noi avessimo finito	
voi finivate	voi avevate finito		voi finiste	voi aveste finito	
essi finivano	essi avevano finito		essi finissero	essi avessero finito	

passato remoto	trapassato remoto		condizionale presente	condizionale passato	
io finii	io ebbi finito		io finirei	io avrei finito	
tu finisti	tu avesti finito		tu finiresti	tu avresti finito	
egli finì	egli ebbe finito		egli finirebbe	egli avrebbe finito	
noi finimmo	noi avemmo finito		noi finiremmo	noi avremmo finito	
voi finiste	voi aveste finito		voi finireste	voi avreste finito	
essi finirono	essi ebbero finito		essi finirebbero	essi avrebbero finito	

futuro semplice	futuro anteriore		imperativo presente	gerundio presente	
io finirò	io avrò finito			finendo	
tu finirai	tu avrai finito		finisci (tu)		
egli finirà	egli avrà finito		finisca (Lei)		
noi finiremo	noi avremo finito		finiamo (noi)	gerundio passato	
voi finirete	voi avrete finito		finite (voi)	avendo finito	
essi finiranno	essi avranno finito		finiscano (Loro)		

infinito presente	infinito passato		participio presente	participio passato	
finire	aver finito		finente, finenti	finito, finiti	
				finita, finite	

Ainsi se conjuguent profferire (part. pass. *profferito/profferto*), seppellire (part. pass. *seppellito/sepolto*). Les verbes aborrire, assorbire, compartire, eseguire, inghiottire, scompartire, tossire, se conjuguent sur ce modèle mais peuvent aussi se conjuguer sur **sentire** (99).

indicativo presente	passato prossimo		congiuntivo presente	congiuntivo passato	
io appaio [1]	io sono apparso		io appaia [1]	io sia apparso	
tu appari	tu sei apparso		tu appaia	tu sia apparso	
egli appare	egli è apparso		egli appaia	egli sia apparso	
noi appariamo	noi siamo apparsi		noi appariamo	noi siamo apparsi	
voi apparite	voi siete apparsi		voi appariate	voi siate apparsi	
essi appaiono	essi sono apparsi		essi appaiano	essi siano apparsi	

indicativo imperfetto	trapassato prossimo		congiuntivo imperfetto	congiuntivo trapassato	
io apparivo	io ero apparso		io apparissi	io fossi apparso	
tu apparivi	tu eri apparso		tu apparissi	tu fossi apparso	
egli appariva	egli era apparso		egli apparisse	egli fosse apparso	
noi apparivamo	noi eravamo apparsi		noi apparissimo	noi fossimo apparsi	
voi apparivate	voi eravate apparsi		voi appariste	voi foste apparsi	
essi apparivano	essi erano apparsi		essi apparissero	essi fossero apparsi	

passato remoto	trapassato remoto		condizionale presente	condizionale passato	
io apparvi [2]	io fui apparso		io apparirei	io sarei apparso	
tu appatisti	tu fosti apparso		tu appariresti	tu saresti apparso	
egli apparve [2]	egli fu apparso		egli apparirebbe	egli sarebbe apparso	
noi apparimmo	noi fummo apparsi		noi appariremmo	noi saremmo apparsi	
voi appariste	voi foste apparsi		voi apparireste	voi sareste apparsi	
essi apparvero [2]	essi furono apparsi		essi apparirebbero	essi sarebbero apparsi	

futuro semplice	futuro anteriore		imperativo presente	gerundio presente	
io apparirò	io sarò apparso			apparendo	
tu apparirai	tu sarai apparso		appari [1] (tu)		
egli apparirà	egli sarà apparso		appaia (Lei)	gerundio passato	
noi appariremo	noi saremo apparsi		appariamo (noi)		
voi apparirete	voi sarete apparsi		apparite (voi)	essendo apparso	
essi appariranno	essi saranno apparsi		appaiano (Loro)		

infinito presente	infinito passato		participio presente	participio passato	
apparire	essere apparso		apparente, apparenti	apparso, apparsi apparsa, apparse	

Se conjuguent sur le même modèle disparire : passé simple : *io disparvi/disparii...* participe passé : *disparito*, rare : *disparso*, scomparire dans le sens de **disparaître** ; mais dans le sens de **faire piètre figure**, présent : *io scomparisco...* passé simple : *io scomparii...* participe passé : *scomparito* ; trasparire : présent : *io trasparisco/traspaio...*, subjonctif présent : *io/tu/egli trasparisca/traspaia...*, participe passé : *trasparito*, rare : *trasparso*.

1) Apparire se conjugue aussi sur **finire** (100, formes en **-isc-**) à l'indicatif présent : *io apparisco...*, au subjonctif présent : *apparisca...*, à l'impératif : *apparisci...*
2) Autres formes du passé simple : *io apparsi / apparii, egli apparse / apparí, essi apparsero / apparirono.*

indicativo presente	passato prossimo		congiuntivo presente	congiuntivo passato	
io apro	io ho	aperto	io apra	io abbia	aperto
tu apri	tu hai	aperto	tu apra	tu abbia	aperto
egli apre	egli ha	aperto	egli apra	egli abbia	aperto
noi apriamo	noi abbiamo	aperto	noi apriamo	noi abbiamo	aperto
voi aprite	voi avete	aperto	voi apriate	voi abbiate	aperto
essi aprono	essi hanno	aperto	essi aprano	essi abbiano	aperto

indicativo imperfetto	trapassato prossimo		congiuntivo imperfetto	congiuntivo trapassato	
io aprivo	io avevo	aperto	io aprissi	io avessi	aperto
tu aprivi	tu avevi	aperto	tu aprissi	tu avessi	aperto
egli apriva	egli aveva	aperto	egli aprisse	egli avesse	aperto
noi aprivamo	noi avevamo	aperto	noi aprissimo	noi avessimo	aperto
voi aprivate	voi avevate	aperto	voi apriste	voi aveste	aperto
essi aprivano	essi avevano	aperto	essi aprissero	essi avessero	aperto

passato remoto	trapassato remoto		condizionale presente	condizionale passato	
io aprii, apersi	io ebbi	aperto	io aprirei	io avrei	aperto
tu apristi	tu avesti	aperto	tu apriresti	tu avresti	aperto
egli aprì, aperse	egli ebbe	aperto	egli aprirebbe	egli avrebbe	aperto
noi aprimmo	noi avemmo	aperto	noi apriremmo	noi avremmo	aperto
voi apriste	voi aveste	aperto	voi aprireste	voi avreste	aperto
essi aprirono, apersero	essi ebbero	aperto	essi aprirebbero	essi avrebbero	aperto

futuro semplice	futuro anteriore		imperativo presente	gerundio presente
io aprirò	io avrò	aperto		aprendo
tu aprirai	tu avrai	aperto	apri (tu)	
egli aprirà	egli avrà	aperto	apra (Lei)	
noi apriremo	noi avremo	aperto	apriamo (noi)	gerundio passato
voi aprirete	voi avrete	aperto	aprite (voi)	avendo aperto
essi apriranno	essi avranno	aperto	aprano (Loro)	

infinito presente	infinito passato		participio presente	participio passato
aprire	aver aperto		aprente, aprenti	aperto, aperti
				aperta, aperte

Ainsi se conjuguent coprire, discoprire, offrire, riaprire, ricoprire et sa forme archaïque ricovrire, riscoprire scoprire et sa forme archaïque scovrire, soffrire et sa forme archaïque sofferire.

indicativo presente	passato prossimo		congiuntivo presente	congiuntivo passato	
io cucio	io ho cucito		io cucia	io abbia cucito	
tu cuci	tu hai cucito		tu cucia	tu abbia cucito	
egli cuce	egli ha cucito		egli cucia	egli abbia cucito	
noi cuciamo	noi abbiamo cucito		noi cuciamo	noi abbiamo cucito	
voi cucite	voi avete cucito		voi cuciate	voi abbiate cucito	
essi cuciono	essi hanno cucito		essi cuciano	essi abbiano cucito	

indicativo imperfetto	trapassato prossimo		congiuntivo imperfetto	congiuntivo trapassato	
io cucivo	io avevo cucito		io cucissi	io avessi cucito	
tu cucivi	tu avevi cucito		tu cucissi	tu avessi cucito	
egli cuciva	egli aveva cucito		egli cucisse	egli avesse cucito	
noi cucivamo	noi avevamo cucito		noi cucissimo	noi avessimo cucito	
voi cucivate	voi avevate cucito		voi cuciste	voi aveste cucito	
essi cucivano	essi avevano cucito		essi cucissero	essi avessero cucito	

passato remoto	trapassato remoto		condizionale presente	condizionale passato	
io cucii	io ebbi cucito		io cucirei	io avrei cucito	
tu cucisti	tu avesti cucito		tu cuciresti	tu avresti cucito	
egli cucì	egli ebbe cucito		egli cucirebbe	egli avrebbe cucito	
noi cucimmo	noi avemmo cucito		noi cuciremmo	noi avremmo cucito	
voi cuciste	voi aveste cucito		voi cucireste	voi avreste cucito	
essi cucirono	essi ebbero cucito		essi cucirebbero	essi avrebbero cucito	

futuro semplice	futuro anteriore		imperativo presente	gerundio presente	
io cucirò	io avrò cucito			cucendo	
tu cucirai	tu avrai cucito		cuci (tu)		
egli cucirà	egli avrà cucito		cucia (Lei)		
noi cuciremo	noi avremo cucito		cuciamo (noi)	gerundio passato	
voi cucirete	voi avrete cucito		cucite (voi)		
essi cuciranno	essi avranno cucito		cuciano (Loro)	avendo cucito	

infinito presente	infinito passato		participio presente	participio passato	
cucire	aver cucito		cucente, cucenti	cucito, cuciti	
				cucita, cucite	

■ Au présent de l'indicatif, du subjonctif et de l'impératif sdrucire se conjugue sur **finire** (100).

indicativo presente	passato prossimo		congiuntivo presente	congiuntivo passato	
io fuggo	io sono	fuggito	io fugga	io sia	fuggito
tu fuggi	tu sei	fuggito	tu fugga	tu sia	fuggito
egli fugge	egli è	fuggito	egli fugga	egli sia	fuggito
noi fuggiamo	noi siamo	fuggiti	noi fuggiamo	noi siamo	fuggiti
voi fuggite	voi siete	fuggiti	voi fuggiate	voi siate	fuggiti
essi fuggono	essi sono	fuggiti	essi fuggano	essi siano	fuggiti

indicativo imperfetto	trapassato prossimo		congiuntivo imperfetto	congiuntivo trapassato	
io fuggivo	io ero	fuggito	io fuggissi	io fossi	fuggito
tu fuggivi	tu eri	fuggito	tu fuggissi	tu fossi	fuggito
egli fuggiva	egli era	fuggito	egli fuggisse	egli fosse	fuggito
noi fuggivamo	noi eravamo	fuggiti	noi fuggissimo	noi fossimo	fuggiti
voi fuggivate	voi eravate	fuggiti	voi fuggiste	voi foste	fuggiti
essi fuggivano	essi erano	fuggiti	essi fuggissero	essi fossero	fuggiti

passato remoto	trapassato remoto		condizionale presente	condizionale passato	
io fuggii	io fui	fuggito	io fuggirei	io sarei	fuggito
tu fuggisti	tu fosti	fuggito	tu fuggiresti	tu saresti	fuggito
egli fuggì	egli fu	fuggito	egli fuggirebbe	egli sarebbe	fuggito
noi fuggimmo	noi fummo	fuggiti	noi fuggiremmo	noi saremmo	fuggiti
voi fuggiste	voi foste	fuggiti	voi fuggireste	voi sareste	fuggiti
essi fuggirono	essi furono	fuggiti	essi fuggirebbero	essi sarebbero	fuggiti

futuro semplice	futuro anteriore		imperativo presente	gerundio presente
io fuggirò	io sarò	fuggito		fuggendo
tu fuggirai	tu sarai	fuggito	fuggi (tu)	
egli fuggirà	egli sarà	fuggito	fugga (Lei)	
noi fuggiremo	noi saremo	fuggiti	fuggiamo (noi)	gerundio passato
voi fuggirete	voi sarete	fuggiti	fuggite (voi)	
essi fuggiranno	essi saranno	fuggiti	fuggano (Loro)	essendo fuggito

infinito presente	infinito passato	participio presente	participio passato
fuggire	essere fuggito	fuggente, fuggenti	fuggito, fuggiti fuggita, fuggite

indicativo presente		passato prossimo		
io	muoio	io	sono	morto
tu	muori	tu	sei	morto
egli	muore	egli	è	morto
noi	moriamo	noi	siamo	morti
voi	morite	voi	siete	morti
essi	muoiono	essi	sono	morti

indicativo imperfetto		trapassato prossimo		
io	morivo	io	ero	morto
tu	morivi	tu	eri	morto
egli	moriva	egli	era	morto
noi	morivamo	noi	eravamo	morti
voi	morivate	voi	eravate	morti
essi	morivano	essi	erano	morti

passato remoto		trapassato remoto		
io	morii	io	fui	morto
tu	moristi	tu	fosti	morto
egli	morì	egli	fu	morto
noi	morimmo	noi	fummo	morti
voi	moriste	voi	foste	morti
essi	morirono	essi	furono	morti

futuro semplice		futuro anteriore		
io	morirò, morrò	io	sarò	morto
tu	morirai, morrai	tu	sarai	morto
egli	morirà, morrà	egli	sarà	morto
noi	moriremo, morremo	noi	saremo	morti
voi	morirete, morrete	voi	sarete	morti
essi	moriranno, morranno	essi	saranno	morti

infinito presente	infinito passato
morire	essere morto

congiuntivo presente		congiuntivo passato		
io	muoia	io	sia	morto
tu	muoia	tu	sia	morto
egli	muoia	egli	sia	morto
noi	moriamo	noi	siamo	morti
voi	moriate	voi	siate	morti
essi	muoiano	essi	siano	morti

congiuntivo imperfetto		congiuntivo trapassato		
io	morissi	io	fossi	morto
tu	morissi	tu	fossi	morto
egli	morisse	egli	fosse	morto
noi	morissimo	noi	fossimo	morti
voi	moriste	voi	foste	morti
essi	morissero	essi	fossero	morti

condizionale presente		condizionale passato		
io	morirei, morrei	io	sarei	morto
tu	moriresti, morresti	tu	saresti	morto
egli	morirebbe, morrebbe	egli	sarebbe	morto
noi	moriremmo, morremmo	noi	saremmo	morti
voi	morireste, morreste	voi	sareste	morti
essi	morirebbero, morrebbero	essi	sarebbero	morti

imperativo presente	gerundio presente
	morendo
muori (tu)	
muoia (Lei)	
moriamo (noi)	gerundio passato
morite (voi)	essendo morto
muoiano (Loro)	

participio presente	participio passato
morente, morenti	morto, morti
	morta, morte

indicativo presente		passato prossimo			congiuntivo presente		congiuntivo passato		
io	salgo	io	sono	salito	io	salga	io	sia	salito
tu	sali	tu	sei	salito	tu	salga	tu	sia	salito
egli	sale	egli	è	salito	egli	salga	egli	sia	salito
noi	saliamo	noi	siamo	saliti	noi	saliamo	noi	siamo	saliti
voi	salite	voi	siete	saliti	voi	saliate	voi	siete	saliti
essi	salgono	essi	sono	saliti	essi	salgano	essi	siano	saliti

indicativo imperfetto		trapassato prossimo			congiuntivo imperfetto		congiuntivo trapassato		
io	salivo	io	ero	salito	io	salissi	io	fossi	salito
tu	salivi	tu	eri	salito	tu	salissi	tu	fossi	salito
egli	saliva	egli	era	salito	egli	salisse	egli	fosse	salito
noi	salivamo	noi	eravamo	saliti	noi	salissimo	noi	fossimo	saliti
voi	salivate	voi	eravate	saliti	voi	saliste	voi	foste	saliti
essi	salivano	essi	erano	saliti	essi	salissero	essi	fossero	saliti

passato remoto		trapassato remoto			condizionale presente		condizionale passato		
io	salii	io	fui	salito	io	salirei	io	sarei	salito
tu	salisti	tu	fosti	salito	tu	saliresti	tu	saresti	salito
egli	salì	egli	fu	salito	egli	salirebbe	egli	sarebbe	salito
noi	salimmo	noi	fummo	saliti	noi	saliremmo	noi	saremmo	saliti
voi	saliste	voi	foste	saliti	voi	salireste	voi	sareste	saliti
essi	salirono	essi	furono	saliti	essi	salirebbero	essi	sarebbero	saliti

futuro semplice		futuro anteriore			imperativo presente		gerundio presente		
io	salirò	io	sarò	salito			salendo		
tu	salirai	tu	sarai	salito	sali	(tu)			
egli	salirà	egli	sarà	salito	salga	(Lei)			
noi	saliremo	noi	saremo	saliti	saliamo	(noi)	gerundio passato		
voi	salirete	voi	sarete	saliti	salite	(voi)	essendo salito		
essi	saliranno	essi	saranno	saliti	salgano	(Loro)			

infinito presente	infinito passato		participio presente	participio passato
salire	essere salito		saliente, salienti	salito, saliti
				salita, salite

■ Ainsi se conjugue risalire; participe présent : *risalente*.

indicativo presente	passato prossimo		congiuntivo presente	congiuntivo passato	
io seguo	io ho	seguito	io segua	io abbia	seguito
tu segui	tu hai	seguito	tu segua	tu abbia	seguito
egli segue	egli ha	seguito	egli segua	egli abbia	seguito
noi seguiamo	noi abbiamo	seguito	noi seguiamo	noi abbiamo	seguito
voi seguite	voi avete	seguito	voi seguiate	voi abbiate	seguito
essi seguono	essi hanno	seguito	essi seguano	essi abbiano	seguito

indicativo imperfetto	trapassato prossimo		congiuntivo imperfetto	congiuntivo trapassato	
io seguivo	io avevo	seguito	io seguissi	io avessi	seguito
tu seguivi	tu avevi	seguito	tu seguissi	tu avessi	seguito
egli seguiva	egli aveva	seguito	egli seguisse	egli avesse	seguito
noi seguivamo	noi avevamo	seguito	noi seguissimo	noi avessimo	seguito
voi seguivate	voi avevate	seguito	voi seguiste	voi aveste	seguito
essi seguivano	essi avevano	seguito	essi seguissero	essi avessero	seguito

passato remoto	trapassato remoto		condizionale presente	condizionale passato	
io seguii	io ebbi	seguito	io seguirei	io avrei	seguito
tu seguisti	tu avesti	seguito	tu seguiresti	tu avresti	seguito
egli seguì	egli ebbe	seguito	egli seguirebbe	egli avrebbe	seguito
noi seguimmo	noi avemmo	seguito	noi seguiremmo	noi avremmo	seguito
voi seguiste	voi aveste	seguito	voi seguireste	voi avreste	seguito
essi seguirono	essi ebbero	seguito	essi seguirebbero	essi avrebbero	seguito

futuro semplice	futuro anteriore		imperativo presente	gerundio presente
io seguirò	io avrò	seguito		seguendo
tu seguirai	tu avrai	seguito	segui (tu)	
egli seguirà	egli avrà	seguito	segua (Lei)	
noi seguiremo	noi avremo	seguito	seguiamo (noi)	gerundio passato
voi seguirete	voi avrete	seguito	seguite (voi)	avendo seguito
essi seguiranno	essi avranno	seguito	seguano (Loro)	

infinito presente	infinito passato	particìpio presente	particìpio passato
seguire	aver seguito	seguente, seguenti	seguito, seguiti
			seguita, seguite

■ Ainsi se conjuguent conseguire, inseguire, perseguire, proseguire, susseguire.

indicativo presente	passato prossimo		congiuntivo presente	congiuntivo passato	
io odo	io ho	udito	io oda	io abbia	udito
tu odi	tu hai	udito	tu oda	tu abbia	udito
egli ode	egli ha	udito	egli oda	egli abbia	udito
noi udiamo	noi abbiamo	udito	noi udiamo	noi abbiamo	udito
voi udite	voi avete	udito	voi udiate	voi abbiate	udito
essi odono	essi hanno	udito	essi odano	essi abbiano	udito

indicativo imperfetto	trapassato prossimo		congiuntivo imperfetto	congiuntivo trapassato	
io udivo	io avevo	udito	io udissi	io avessi	udito
tu udivi	tu avevi	udito	tu udissi	tu avessi	udito
egli udiva	egli aveva	udito	egli udisse	egli avesse	udito
noi udivamo	noi avevamo	udito	noi udissimo	noi avessimo	udito
voi udivate	voi avevate	udito	voi udiste	voi aveste	udito
essi udivano	essi avevano	udito	essi udissero	essi avessero	udito

passato remoto	trapassato remoto		condizionale presente	condizionale passato	
io udii	io ebbi	udito	io udirei	io avrei	udito
tu udisti	tu avesti	udito	tu udiresti	tu avresti	udito
egli udì	egli ebbe	udito	egli udirebbe	egli avrebbe	udito
noi udimmo	noi avemmo	udito	noi udiremmo	noi avremmo	udito
voi udiste	voi aveste	udito	voi udireste	voi avreste	udito
essi udirono	essi ebbero	udito	essi udirebbero	essi avrebbero	udito

futuro semplice	futuro anteriore		imperativo presente	gerundio presente	
io udirò	io avrò	udito		udendo	
tu udirai	tu avrai	udito	odi (tu)		
egli udirà	egli avrà	udito	oda (Lei)		
noi udiremo	noi avremo	udito	udiamo (noi)	gerundio passato	
voi udirete	voi avrete	udito	udite (voi)		
essi udiranno	essi avranno	udito	odano (Loro)	avendo udito	

infinito presente	infinito passato	particizio presente	participio passato
udire	aver udito	udente, udenti	udito, uditi
			udita, udite

indicativo presente	passato prossimo		congiuntivo presente	congiuntivo passato	
io esco	io sono uscito		io esca	io sia uscito	
tu esci	tu sei uscito		tu esca	tu sia uscito	
egli esce	egli è uscito		egli esca	egli sia uscito	
noi usciamo	noi siamo usciti		noi usciamo	noi siamo usciti	
voi uscite	voi siete usciti		voi usciate	voi siate usciti	
essi escono	essi sono usciti		essi escano	essi siano usciti	

indicativo imperfetto	trapassato prossimo		congiuntivo imperfetto	congiuntivo trapassato	
io uscivo	io ero uscito		io uscissi	io fossi uscito	
tu uscivi	tu eri uscito		tu uscissi	tu fossi uscito	
egli usciva	egli era uscito		egli uscisse	egli fosse uscito	
noi uscivamo	noi eravamo usciti		noi uscissimo	noi fossimo usciti	
voi uscivate	voi eravate usciti		voi usciste	voi foste usciti	
essi uscivano	essi erano usciti		essi uscissero	essi fossero usciti	

passato remoto	trapassato remoto		condizionale presente	condizionale passato	
io uscii	io fui uscito		io uscirei	io sarei uscito	
tu uscisti	tu fosti uscito		tu usciresti	tu saresti uscito	
egli uscì	egli fu uscito		egli uscirebbe	egli sarebbe uscito	
noi uscimmo	noi fummo usciti		noi usciremmo	noi saremmo usciti	
voi usciste	voi foste usciti		voi uscireste	voi sareste usciti	
essi uscirono	essi furono usciti		essi uscirebbero	essi sarebbero usciti	

futuro semplice	futuro anteriore		imperativo presente	gerundio presente
io uscirò	io sarò uscito			uscendo
tu uscirai	tu sarai uscito		esci (tu)	
egli uscirà	egli sarà uscito		esca (Lei)	
noi usciremo	noi saremo usciti		usciamo (noi)	gerundio passato
voi uscirete	voi sarete usciti		uscite (voi)	
essi usciranno	essi saranno usciti		escano (Loro)	essendo uscito

infinito presente	infinito passato		participio presente	participio passato
uscire	essere uscito		uscente, uscenti	uscito, usciti
				uscita, uscite

■ Ainsi se conjuguent escire, riescire, riuscire.

venni, venuto

indicativo presente		passato prossimo		
io	vengo	io	sono	venuto
tu	vieni	tu	sei	venuto
egli	viene	egli	è	venuto
noi	veniamo	noi	siamo	venuti
voi	venite	voi	siete	venuti
essi	vengono	essi	sono	venuti

indicativo imperfetto		trapassato prossimo		
io	venivo	io	ero	venuto
tu	venivi	tu	eri	venuto
egli	veniva	egli	era	venuto
noi	venivamo	noi	eravamo	venuti
voi	venivate	voi	eravate	venuti
essi	venivano	essi	erano	venuti

passato remoto		trapassato remoto		
io	venni	io	fui	venuto
tu	venisti	tu	fosti	venuto
egli	venne	egli	fu	venuto
noi	venimmo	noi	fummo	venuti
voi	veniste	voi	foste	venuti
essi	vennero	essi	furono	venuti

futuro semplice		futuro anteriore		
io	verrò	io	sarò	venuto
tu	verrai	tu	sarai	venuto
egli	verrà	egli	sarà	venuto
noi	verremo	noi	saremo	venuti
voi	verrete	voi	sarete	venuti
essi	verranno	essi	saranno	venuti

infinito presente	infinito passato
venire	essere venuto

congiuntivo presente		congiuntivo passato		
io	venga	io	sia	venuto
tu	venga	tu	sia	venuto
egli	venga	egli	sia	venuto
noi	veniamo	noi	siamo	venuti
voi	veniate	voi	siate	venuti
essi	vengano	essi	siano	venuti

congiuntivo imperfetto		congiuntivo trapassato		
io	venissi	io	fossi	venuto
tu	venissi	tu	fossi	venuto
egli	venisse	egli	fosse	venuto
noi	venissimo	noi	fossimo	venuti
voi	veniste	voi	foste	venuti
essi	venissero	essi	fossero	venuti

condizionale presente		condizionale passato		
io	verrei	io	sarei	venuto
tu	verresti	tu	saresti	venuto
egli	verrebbe	egli	sarebbe	venuto
noi	verremmo	noi	saremmo	venuti
voi	verreste	voi	sareste	venuti
essi	verrebbero	essi	sarebbero	venuti

imperativo presente	gerundio presente
	venendo
vieni (tu)	
venga (Lei)	
veniamo (noi)	**gerundio passato**
venite (voi)	essendo venuto
vengano (Loro)	

participio presente	participio passato
veniente, venienti	venuto, venuti
venente, venenti	venuta, venute

Venire peut être employé comme auxiliaire aux temps simples de la forme passive à la place du verbe **essere** : *La lettera viene inviata* à la place de : *La lettera è inviata* (voir Grammaire page 19).
Ainsi se conjuguent rinvenire et svenire sauf au futur où ils ont une forme régulière : *io rinvenirò..., io svenirò*.

indicativo presente	congiuntivo presente	gerundio presente	participio presente
io ardisco	io ardisca	osando	osante
tu ardisci	tu ardisca		
egli ardisce	egli ardisca		
noi osiamo	noi osiamo		
voi ardite	voi osiate		
essi ardiscono	essi ardiscano		

Certaines formes de ce verbe pouvant être confondues avec des formes du verbe **ardere** (brûler) ; elles sont remplacées par des formes du verbe **osare**. Pour les autres formes voir **finire** (100).

111 b **ATTERRIRE**/ÉPOUVANTER

indicativo presente	congiuntivo presente	gerundio presente	participio presente
io atterrisco	io atterrisca	spaventando	spaventante
tu atterrisci	tu atterrisca		
egli atterrisce	egli atterrisca		
noi spaventiamo	noi spaventiamo		
voi atterrite	voi spaventiate		
essi atterriscono	essi atterriscano		

Certaines formes de ce verbe pouvant être confondues avec des formes du verbe **atterrare** (atterrir) ; elles sont remplacées par des formes du verbe **spaventare**. Pour les autres formes voir **finire** (100).

indicativo presente	congiuntivo presente	gerundio presente	participio presente
io marcisco	io marcisca	imputridendo	imputridente
tu marcisci	tu marcisca		
egli marcisce	egli marcisca		
noi imputridiamo	noi imputridiamo		
voi marcite	voi imputridiate		
essi marciscono	essi marciscano		

█ Certaines formes de ce verbe pouvant être confondues avec des formes du verbe **marciare** (marcher); elles
█ sont remplacées par des formes du verbe **imputridire.** Pour les autres formes voir **finire** (100).

indicativo presente	passato remoto	congiuntivo presente	gerundio presente
io sparisco	io sparii	io sparisca	scomparendo
tu sparisci	tu sparisti	tu sparisca	
egli sparisce	egli sparí	egli sparisca	
noi scompariamo	noi sparimmo	noi scompariamo	participio presente
voi sparite	voi spariste	voi scompariate	scomparente
essi spariscono	essi sparirono	essi spariscano	

█ Au passé simple *sparvi, sparve, sparvero* sont des formes littéraires.
█ Certaines formes de ce verbe pouvant être confondues avec des formes du verbe **sparare** (tirer avec une
arme à feu); elles sont remplacées par des formes du verbe **scomparire.**
█ Pour les autres formes voir **finire** (100).

Index
des verbes italiens

abbagliare	verbe particulièrement fréquent	Imp	verbe impersonnel (auxiliaire essere)
abboffarsi, *abbuffarsi*	La forme en italique signale l'orthographe la plus courante du verbe	♦	verbe intransitif ou impersonnel (auxiliaire avere)
abbattere	La voyelle tonique est soulignée lorsque l'accent ne tombe pas sur l'avant-dernière syllabe	◊	verbe intransitif ou impersonnel (auxiliaire avere ou essere)
6	renvoi aux verbes modèles des tableaux	P	verbe pronominal
		R ou (R)	verbe réfléchi
18	renvoi aux tableaux (soit à la conjugaison, soit aux notes)	D	verbe défectif
6/18	se conjugue sur le modèle 6 avec des particularités phonétiques du modèle 18	≃	ne s'emploie que sous cette forme (verbes défectifs)
		Irr	verbe irrégulier
99/100	se conjugue sur le modèle 99, plus rarement sur le modèle 100	Lit	littéraire
		Fam	familier
a, di, in, da	prépositions employées usuellement après le verbe	Pop	populaire
		Vx	vieux ou vieilli
T	verbe transitif (auxiliaire avere)	Vulg	vulgaire
		Rég	régional
I	verbe intransitif (auxiliaire essere)	Tosc	toscanisme

Vous trouverez la **liste des verbes modèles** p. **47**.

a

b

C

$$d$$

𝓮

f

$$g$$

h

i

m

n

p

essi prelucevano
imparfait subjonctif : egli prelucesse,
essi prelucessero
participe présent : prelucente
(seulement adjectif)

q

r

S

≃ pas de participe passé

t

$$\mathcal{U}$$

≃ seulement 3ᵉ personne
du singulier et du pluriel
présent : urge, urgono
imparfait : urgeva, urgevano
imparfait subj. : urgesse, urgessero
gérondif présent : urgendo
participe présent : urgente (adjectif), pas de
participe passé, ni de passé simple

$$\mathcal{V}$$